우리가 몰랐던
동남아 이야기

− 제3권 −
독립과 냉전의 시대

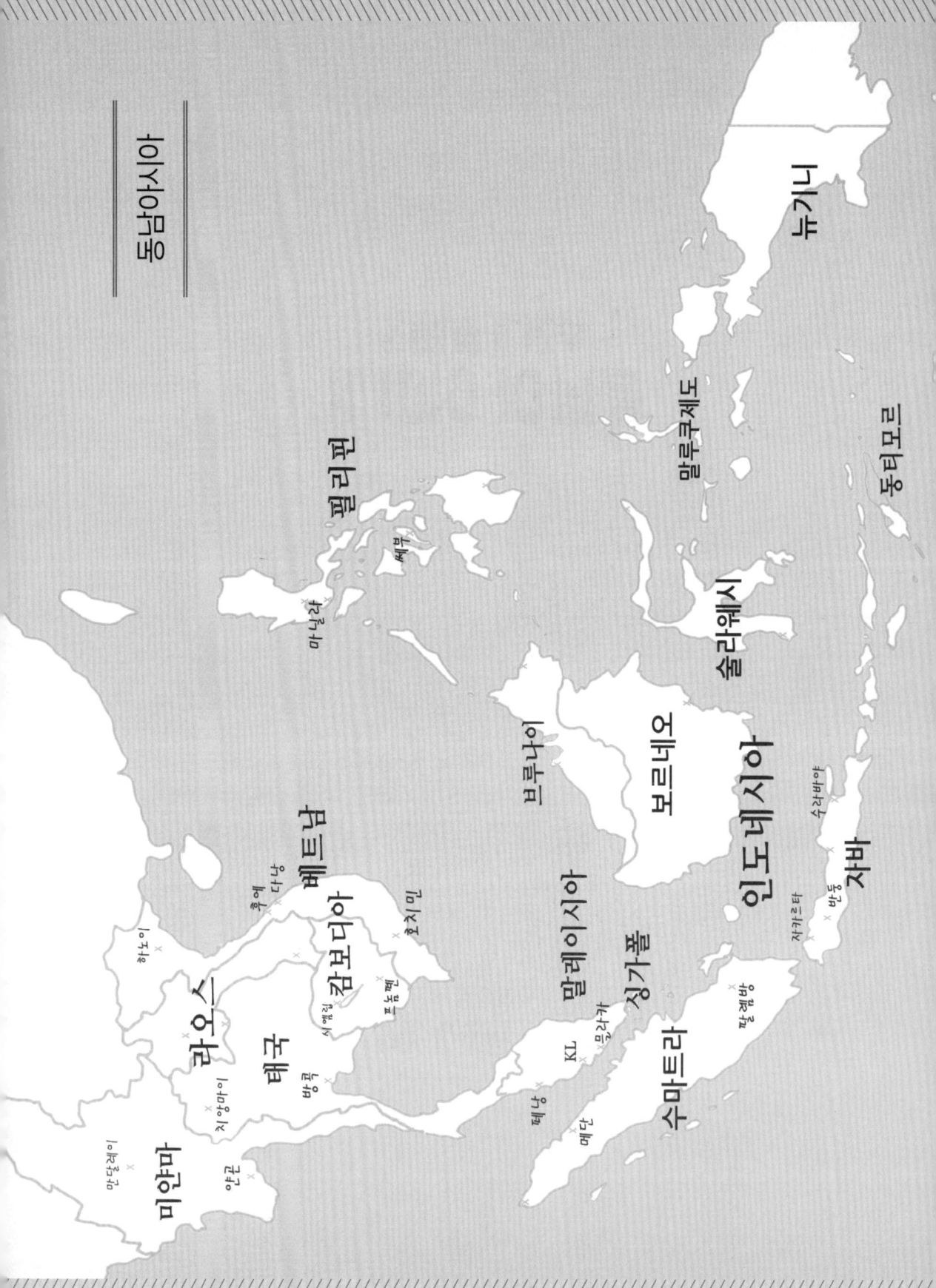

제3권
독립과 냉전의 시대

우리가 몰랐던
동남아 이야기

글·그림 신일용

믿고 보는 신일용의 인문 교양만화

머리말

　동남아시아 땅을 처음 밟은 것은 1986년의 방콕 출장이었다. 지금은 인천국제공항에서 출발하여 수완나품공항에 내리지만, 김포공항에서 비행기를 타면 돈므앙공항에 떨어질 때였다. 공항을 나오면서 훅하고 온몸을 덮치던 압도적인 열기를 첫 느낌으로 기억하고 있다. 그 열기는 쑤쿰빗 거리의 수많은 쏘이(골목)들을 채우던 남쁠라 액젓 냄새, 레몬그라스 향기와 어우러져 동남아시아의 첫인상을 이룬다.

　그 이후로 수십 년간 동남아를 들락거렸다. 항공 마일리지의 많은 부분은 장거리 노선인 유럽과 미국 출장으로 쌓였지만, 공항 입국심사대를 통과한 횟수로는 단연 동남아시아의 공항들이 가장 잦았다. 특히 1990년대에 싱가폴에 소재한 동남아 지역 본사의 주재원으로 근무하면서 1년이면 6개월은 동남아 여러 나라를 방문하며 집중적으로 이런저런 사람들을 만날 기회가 있었다.

　이즈음에 베트남전쟁사의 고전이 된 스탠리 카노우의 『Vietnam, A History』를 만나 일주일 만에 밤잠을 줄여가며 독파하고는 동남아시아의 비장한 역사와 그걸 극복해낸 인간의 역동성에 꽂혔다. 그리고 한국인들의 동남아관에 아쉬움을 갖게 되었다. 많은 한국인이 동남아시아를 턱없이 아래로 보거나 왜곡된 인식을 가지고 있었다. 불과 십수 년 전만 해도 한국이

도대체 어디 있는 나라냐고 묻던 소위 선진국 사람들처럼 말이다.

　동남아는 수천 년간 세계로 열린 공간이었다. 복잡하고 다양할 수밖에 없다. 네 권의 책으로 복잡다단한 동남아 11개국의 모든 이야기를 할 수는 없지만, 전체적인 맥락만은 그려내고 싶었다. 모름지기 이야기의 재미는 디테일에서 나오는 법, 그래서 시간을 들여 나무 하나하나의 줄기와 이파리와 열매를 이야기했지만, 마지막 페이지를 넘긴 뒤에는 큰 숲이 그려지는 그런 책을 쓰고 싶었다. 얼마나 의도가 반영되었는지는 독자들이 판단하실 부분이다.

　하지만 시중에 일반독자들이 흥미를 느끼며 읽을 만한 동남아 관련 서적이 많지 않다는 점에 용기를 얻어 감히 함께 시간 여행을 떠나보자고 초대한다. 이 책이 앞으로 동남아의 담론과 기사들을 만날 때 전후 맥락 위에서 이해하는 데 도움이 될지도 모른다는 기대를 가지고. 적도의 태양 아래서 프란지파니 꽃잎이 날리고 반얀트리가 깊게 깊게 그늘을 드리우는 그곳으로 초대한다.

2022년 1월
분당의 작업실에서
신일웅

일러두기

○ 이 책의 서술은 대략적으로 시간의 흐름을 따라가지만 여러 나라를 이야기하는 과정에서 토픽에 따라 연대를 넘어 전후로 오가기도 한다. 읽다 보면 후에 나올 내용이 궁금하거나 전에 이미 나온 부분을 되새기고 싶을 때가 있으리라고 본다. 이건 전작『라 벨르 에뽀끄』의 독자들로부터 많은 요청이 접수되었던 부분이기도 하다. 중요한 키워드의 경우, 페이지 하단에 다음 예와 같이 표시해두었다.

(예) 폴포트 ➔ 3권 128쪽 (나중에 3권의 128쪽부터 폴포트 이야기가 좀 더 나올 텐데 당장 궁금하다면 먼저 가서 보라는 안내)

해협식민지 ⬅ 1권 280쪽, 3권 155쪽(이미 지나간 1권 280쪽, 3권 155쪽에 관련 이야기가 나왔으니 기억을 되살리고 싶다면 찾아가라는 안내)

○ 복잡다단한 고유명사의 음가를 표현하는 문제는 여러 자료를 종합하여 최선을 다했지만 부족한 점도 있으리라. 이와는 별개로 공식명칭인 미얀마와 버마, 호치민시와 사이공, 양곤과 랭군처럼 여러 가지가 섞여서 사용되는 듯한 느낌을 받을지도 모르겠다. 이는 그 말이 아직 나오지 않았던 시대적 배경을 고려했을 수도 있고(태국 대신 시암을 쓴 경우) 공식적으로는 바뀌었지만, 현지인들이 더 애착을 가지고 상용하는 이름을 따라간 경우도 있다. 요는 의도를 가지고 문맥과 상황에 따라 적절한 고유명사를 쓰려고 했음을 알려드린다.

참고 도서

* 아편과 깡통의 궁전/푸른역사/강희정
* Southeast Asia in World History/Oxford/Craig Lockard
* Crossroads/Marshall Cavendish/Jim Baker
* A History of Modern Indonesia/Cambridge/Adrian Vickers
* A Brief History of Indonesia/Tuttle/Tim Hannigan
* Vietnam, A History/Penguin Books/Stanley Karnow
* Vietnam/Oxford/Ben Kiernan
* From Third World to First/Harper Collins/Lee Kuan Yew
* The Singapore Story/Singapore Press Holdings/Lee Kuan Yew
* A Short History of Laos/Allen & Unwin/Grant Evans
* Decoding Laos/Richard Taylor/InHouse Publishing
* A Short History of Cambodia/Allen & Unwin/John Tully
* A History of the Philippines/The Overlook Press/Luis H. Francia
* A History of the Philippines/Didactic Press/David Barrows
* A History of Thailand/Cambridge/Chris Baker, Pasuk Phongpaichit
* Thaksin/Silkworm Books/Pasuk Phongpaichit, Chris Baker
* The River of Lost Footsteps/Farrar, Straus and Giroux/Thant Myint-U
* Spices, A Global History/Reaktion Books/Fred Czarra
* 그리고 책은 아니지만 위대한 Wikipedia

감사 말씀

전작의 1쇄에서 오탈자가 쏟아져 나와 많은 신고를 받아 후속 인쇄에서 바로잡은 적이 있었다. 이를 안타까이 여겨 기꺼이 이 책의 교정을 맡아주신 최훈근 PD, 이정환 애독자께 감사드린다. 띄어쓰기도 세세히 짚어주었으나 일부는 만화의 공간 문제로 반영되지 않았다. 밥북의 협의 창구로 수고한 전은정 씨에게도 감사드린다.

제1권 바다와 교류의 시대

제1장_ 물과 땅, 동남아의 지정학
제2장_ 사람들, 동남아의 이민사
제3장_ 위대한 제국들
제4장_ 식민지 시대의 서막

제2권 탐욕과 정복의 시대

제5장_ 아! 호세 리잘
제6장_ 버마 흥망사
제7장_ 개혁군주 쭐라롱꼰
제8장_ 남비엣과 인도차이나
제9장_ 아름다운 시대의 종말

제4권 부패와 자각의 시대

제15장_ 마닐라 블루스
제16장_ 따머도의 나라 미얀마
제17장_ 뜨거운 방콕
제18장_ 아시아 금융위기, 그 이후

차례　　　　　　　　　　　제3권 **독립과 냉전의 시대**

머리말 / 4

일러두기 / 6

제10장_ 호치민의 투쟁 / 11

제11장_ 킬링 필드 / 109

제12장_ 말레이시아와 싱가포르의 탄생 / 151

제13장_ 수카르노와 수하르토 / 209

제14장_ 싱가포르가 사는 법 / 285

참고 연표 / 324

제10장

호치민의 투쟁

호치민은 어떤 사람이었을까?

사람들은 자신이 평가되고 싶은 겉모습을 보여주려 노력한다.

"국가가 당신에게 무엇을 해줄 수 있는지 묻지말고,"

하지만 숨어있는 욕망과 나약함을 드러내는 또하나의 삶을 산다.

두개의 삶이 충돌할 때 어떻게 평가할지는 평가자의 가치관에 달려있겠지.

이것은 그가 북베트남의 최고권력자로서 살다가 죽은 집이다.

이것이 그가 남긴 유품의 전부이다. 타이프라이터, 안경, 몇권의 책, 그리고 남루한 몇 벌의 옷.

케네디의 반대편에서 전쟁을 치루었던 호치민의 삶은 공생활과 사생활의 모순이 없어보이는 근현대사의 드문 케이스이다. 적어도 그 점에서는 동맹국의 위대한 동지보다 훨씬 위대했다.

호치민은 젊은 시절 농민시위에 참가했다가 쉬레떼의 블랙리스트에 올랐다.

Surete ; 프랑스 비밀경찰

"이거 찍혀서 대학 입학도 안되는군."

제10장 / 호치민의 투쟁 — 15

호치민은 마침 빠리에 와있던 볼셰비키 거물의 눈에 띄었다.

"아이꿕 동지, 큰물에서 놀도록 주선해두었으니 모스크바로 떠나시오."

드미트리 마누일스키
(1883~1959)

1년후

"아이꿕 동지, 이론과정은 끝났으니 중국으로 가서 현장을 경험하시오."

호치민은 코민테른(국제공산당)의 지원 아래 20년 동안 중국을 베이스 캠프로 활동하며 인도차이나의 거물 공산주의 지도자로 성장했다. 베트남청년혁명동지회, 베트남공산당, 인도차이나공산당 모두가 이 시기에 호치민이 조직한 단체들이다.
프랑스 비밀경찰 쒸레떼의 1급 요주의인물로 떠올랐겠지.

"3월 O일 x시 인도차이나공산당 2차총회가 열립니다."

쒸레떼 / 밀고자

"사이공의 xx창고건물이요."

1931년 3월 인도차이나공산당 조직은 일망타진되다시피 한다. 이때 체포된 인물들 면면을 보면

통일베트남의 총리가 되는
팜반둥

제10장 / 호치민의 투쟁 — 17

제10장 / 호치민의 투쟁 — 19

자고로 약소국이 살아남으려면 누구 편에 붙을지 정세를 읽는 혜안이 필요하다. 이때 대부분의 동남아 지도자들은 일본 편에 섰다. 이 복잡한 상황에서 호치민은 어떤 판단을 내렸을까?

수카르노 피분 아웅산

대동아공영 운운하고 있지만 일본도 프랑스와 똑같은 제국주의 국가일 뿐이다.

국력으로 볼 때 일본은 결국 패할 것이고 세계의 패권은 미국이 잡게 될 것이다.

이 영감 작두 탔나?

미국과 친밀한 관계를 맺어 베트남의 독립을 지지하게 해야 해.

그리고 장차 독립국으로 인정받으려면 우리 스스로의 군대가 필요할거야.

달랑 30명에 권총 두 자루, 소총 17 자루에 불과했지만

고장난 기관총도 한 정 있었는데 안 쳐주나요?

1944년 12월 22일 창설하면서 부대이름은 폼나게 붙였지.

짠흥다오 부대!

이날이 베트남의 국군의 날이다.

- 짠흥다오 ← 2권 204~208쪽

호치민이 새로 창설된 베트남군의 지휘를 맡긴 사람이 바로 보응웬지압, 지압장군이다.

지압은 대학까지 나온 먹물 인텔리겐챠였다. 졸업 후 하노이에서 역사과목을 가르치다가 베트민에 합류했다.

Vo Nguyen Giap (1911~2013)

그가 정글에서 베트민해방군을 준비하고 있는 동안 아내가 고문으로 죽었고 여동생이 길로틴에 목이 잘렸고 딸도 감옥에서 죽었다.

지압은 100세가 넘도록 장수했는데 1990년대에도 하노이 시내를 혼자서 매일 산책할 정도로 건강했다. 사무치는 원한과 전쟁을 겪었다는게 믿겨지지 않는 인자한 동네 아저씨였다.

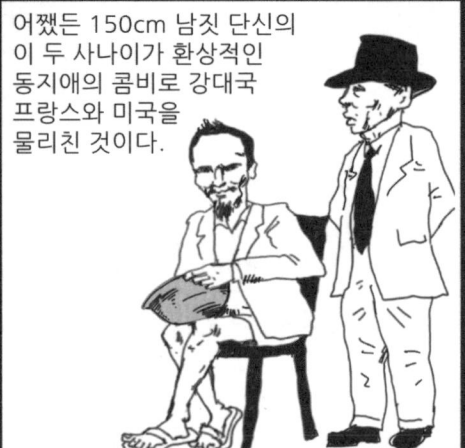

어쨌든 150cm 남짓 단신의 이 두 사나이가 환상적인 동지애의 콤비로 강대국 프랑스와 미국을 물리친 것이다.

베트민 군대는 미국에 적극적으로 협조했다.

미국과 친밀한 관계를 맺어 베트남의 독립을 지지하게 해야 해.

1944년 11월 불시착한 미군 비행기의 파일럿을 호치민이 직접 중국의 미군기지까지 에스코트했을 정도였다니까.

호라는 비쩍 마른 베트남 노인이 이끄는 게릴라부대가 미국에 매우 협조적임.

제10장 / 호치민의 투쟁 — 21

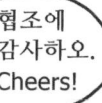

OSS는 CIA의 전신이다.
미군은 호치민의 정글 캠프로
OSS요원들을 보냈다.

Office of Strategic Service

우리에게 일본군 정보를 제공해주시오.

OSS 팀장 앨리슨 토마스 소령

그 대신 OSS는 베트민군에게 무기와 훈련을 제공했다.

정글에서 함께 생활하며 이들 사이에 우정 같은 것까지 생겼나보다.

협조에 감사하오. Cheers!

베트남에선 쭉쑤퀘이라고 하지요.

소령, 내가 바라는건 그저 당신들이 필리핀을 놓아주었듯이 프랑스도 우릴 놓아주는것 뿐이라오.

공산주의자 같아 보이지 않는데?

순수한 민족주의자 인지도 모르죠

이런 단체사진도 남아있다.
앨리슨 토마스 소령을
가운데 두고
호치민(반바지)과
보응웬지압(중절모)이
양쪽에 서있다.
이때만 해도 호치민은
베트남 독립을 미국이
지지해주리라는
희망을 품고 있었다.

(출처 ; 위키피디아)

제10장 / 호치민의 투쟁 — 23

기습적으로 프랑스군을 무장해제 시키고 달랏에 놀러가 있던 바오다이를 불러왔다.

바오다이? 바오다이가 누구지? '마지막 황제' 하면 청나라의 마지막 황제 선통제 푸이를 떠올린다. 영화로 만들어져 그의 기구한 일생을 다들 알고 있지.

하지만 기구하기로 치면 그에 못지 않은 사내가 베트남에도 있다.

**선통제 푸이
(1906~1967)**

프랑스는 베트남을 점령한 후 남부의 코친차이나만 직접 지배하고 중부와 북부에는 꼭두각시 정권을 앉혀서 통치했다고 했지?

중부의 안남에는 응웬왕조에 그 꼭두각시 역할을 맡겼는데

바오다이는 1913년 꼭두각시 정권 안남의 왕자로 태어났다.

아홉살에 프랑스로 보내져서 프랑스식 교육을 받았다.

그의 몸은 베트남인이었지만 그의 영혼은 복잡했으리라. 한 평생 프랑스 한량과 몰락한 베트남 왕가의 두 세계 사이를 방황했다.

**Bao Dai 保大
(1913~1997)**

그의 사진들을 보면 유럽 최고급 양복과 액세서리로 치장한 옷맵시가 지금의 눈으로 봐도 예사롭지 않은 수준이다.

바오다이 롤렉스라는게 있다.

— 프랑스의 베트남 분할 ← 2권 252쪽

제10장 / 호치민의 투쟁 — 25

제10장 / 호치민의 투쟁 — 27

바딘광장에 모인 수천명의 군중 사이로 가냘픈 노인의 떨리는 목소리가 스피커를 타고 흘러나왔다.

> 베트남의 애국동지들이여!
>
> 모든 인간은 평등하게 창조되었습니다.
> 인간은 조물주로부터 아무도 빼앗을 수 없는
> 권리들을 부여 받았습니다.
> 생명을 지킬 권리, 자유를 누릴 권리,
> 그리고 행복을 추구할 권리 말입니다.

- 죠지 케난 ← 2권 306~308쪽

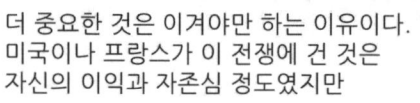

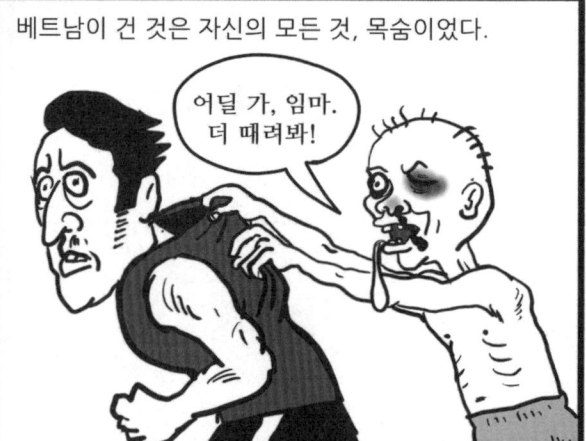

베트남 북부, 라오스 접경지역은
험준한 산악지형이다.
디엔비엔푸는 산악 사이에
형성된 계곡으로서
내부에는 대규모 병력이
주둔할 수 있는 평지가 있었지만
산으로 사방이 둘러 막혀
외부로부터 접근하기는 매우 힘든
자연적인 요새였다.

게다가 일본군이 닦아놓은 활주로가 있어서 조금만 보수하면 사용할 수 있었지.

이 와중에도 예산을 절감하려는 충정을 알아줄까...

약간의 반대가 있었지만 수상이 직접 뽑아 보낸 전략가이다. 그리고 자칭 천재는 자기확신이 서면 남의 얘기는 잘 안 듣는 법. 1953년 11월부터 대규모의 공정, 공수작전이 시작되었다.

야포에

탱크까지

활주로

디엔비엔푸 일대에 16,000명의 병력이 8개의 진지를 구축했다.

제10장 / 호치민의 투쟁

잠깐 옆길로 새자면, 응오딘디엠은 오(吳)씨이다. 그의 이름은 한자로 오정담(吳廷琰).

중국에서 오씨는 표준어로는 우(Wu)로 읽지만 동남아에 널리 퍼진 광동지방 출신의 오씨들은 자신들의 성을 이렇게 표기한다.

처음 그들의 명함을 받았을 때 황당했다고 했지?

Mr. No Good?

Call me 응.

동남아에는 오씨 말고도 Ng으로 성을 표기하는 사람들이 있는데 복건지방에서 온 황(黃)씨들이다.

싱가폴 부동산 재벌 응텡퐁(黃廷芳)

응오(오)딘디엠의 집안은 후에 지역의 지주로서 응웬왕조에서 대대로 고위관리를 배출한 명문가였지만 일찍이 카톨릭으로 개종을 했다.

여섯 형제 중 응오딘디엠의 바로 위 둘째형이 신부였는데 대주교까지 올라갔을 정도로 명망있는 카톨릭 집안이었다.

응오딘뚝(吳廷俶)
(1897~1984)

이런 집안의 내력만으로도 공산주의와는 어울리지 않았지만 결정적으로 북베트남을 혐오하게 된 사건이 1945년에 일어났다.

이 반동분자, 빨리 걸으라우!

첫째형 응오딘코이가 바오다이와 일본점령군 사이를 연결하는 일을 하고 있었는데 아들과 함께 베트민에 납치되어 두들겨맞고 생매장 당한거야.

그는 체질적인 모사꾼이었다. 모든 것이 비밀스러웠고 언제나 음모를 꾸미고 있는 듯한 눈빛을 가진 사내,

비밀경찰, 사조직, 비선... 평생 이런걸 좋아했다.

CIA 사이공지부가 문을 연 후 가장 중요한 정보원이었다. 꽤 고급첩보들을 가져다 주었다.

뉴는 CIA 일이라면 만사를 제쳐놓고 인맥을 총동원해서 대응했죠. 우리가 킹메이커라는걸 알고 있었나봐요.

프랑스 유학을 해서인지 외국인들과 외국어로 대화하길 좋아했다.

베트남인들에겐 나의 지적인 이야기가 잘 통하질 않아서.

CIA파일에는 이렇게 기록되어 있다.

Ngo Dinh Diem

응오딘뉴는 스스로를 철학자라고 생각하고 장광설을 펴길 좋아하는데 사실은 자기가 하는 이야기를 스스로도 잘 모름. **단, 정치공작에는 비상한 재능이 있음.**

디엠은 민족주의 성향이 강하고 낯을 가려서 좀 불안하지만 동생 뉴를 통하여 통제할 수 있을 거야.

이래서 미국은 응오딘디엠-응오딘뉴 콤비로 호치민의 베트민 정권에 맞서기로 낙점했다.

당시 바오다이는 명목상 베트남국(SV)의 국가수반이었지만 거의 베트남에 붙어있지 않았다. 주로 프랑스 깐느의 저택에서 우아하게 살고 있었는데

매일이...

제10장 / 호치민의 투쟁 — 45

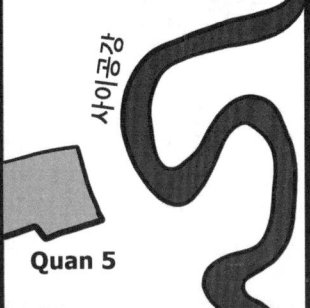

제10장 / 호치민의 투쟁 — 53

교인들 사이의 상호부조를 강조하여 먹고사는 문제의 불안을 덜어주었고 정치, 사회문제에 적극적으로 개입하였다.

거기다 카톨릭의 제도를 베껴와 전국의 신자들을 조직화하였다. 교황청은 사이공에서 90km 떨어진 타이닌(Tay Ninh)에 자리잡았다.

출처 : 위키피디아

카오다이는 베트남의 풀뿌리 종교로 끈질기게 살아남았다. 1975년 북베트남의 점령 이후 금지되었다가 1997년에 복권되었는데 지금도 400만명의 교세를 자랑한다. 베트남 여행 중에 이런 깃발을 봤다면 카오다이인줄 아시라.

응오딘디엠이 총리에 취임한 1950년대 중반의 교세는 훨씬 더 막강했었지. 단순한 종교라고만 볼 수가 없는 것이 자체적으로 군대를 운영하며 메콩델타를 실질적으로 통치하고 있었다.

이것도 나라냐구!!

응오딘디엠은 타이닌과 메콩델타에 군대를 보내 카오다이 소탕작전을 벌였다. 카톨릭에 지주 출신의 정통 엘리트였던 디엠의 입장에서는 카톨릭의 교리를 흉내 낸 카오다이나 깡패들이 공권력 노릇을 하는 빈수옌을 한시도 참아주기 힘들었으리라.

쓰레기들...

반공을 표방하던 빈수옌과 카오다이의 잔존세력들이 이때 대거 베트콩조직(NLF)으로 귀순하였다.

동무들, 열렬 환영하오!!

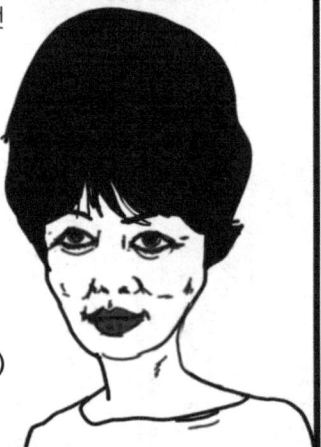

제10장 / 호치민의 투쟁 — 57

- 민망황제 ← 2권 241~242쪽

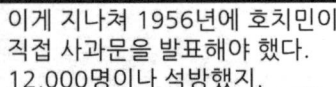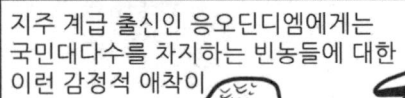

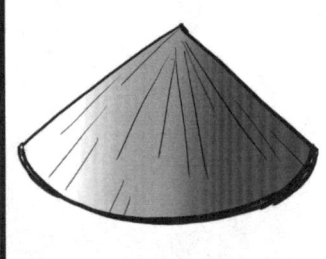

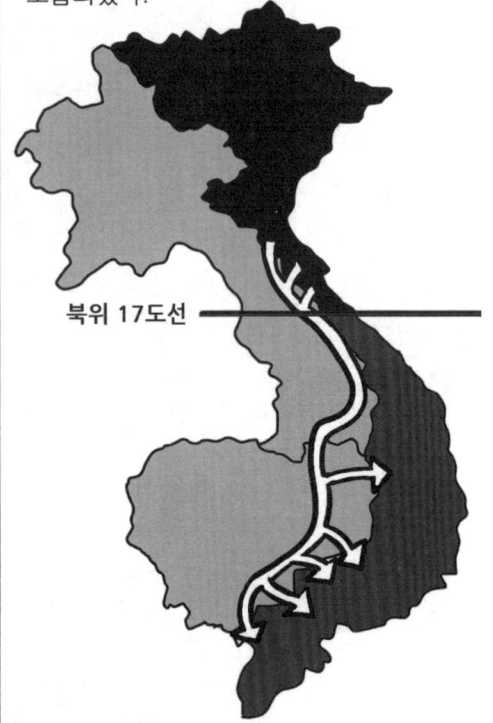

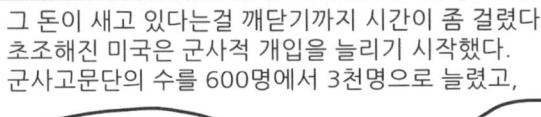

제10장 / 호치민의 투쟁 — 63

전국에서 이런 일이 벌어졌는데
특히 후에에서 더욱 심했다.

후에는 응오딘디엠 집안의 근거지.
형 응오딘뚝은 후에의 대주교,
동생 응오딘깐은 대지주로서
응오(吳)씨 집안은 후에에서
봉건영주 같은 행세를 하고 있었다.

하지만 후에는 응웬왕조의 수도로서
불교의 전통 역시 가장 강한 곳이었지.

"영명하신 지도자 디엠 대통령각하의
형님 뚝대주교님 주교 취임 25주년
경축! 경축!! 경경축!!!"

"어이~ 왼쪽을 좀더 올리라구."

부처님 오신 날

이걸 시키지는 않았을 것이다.
그러나 과잉 아첨은 브레이크가
잘 안 듣는 법.
급기야 후에 방송국의 베삭데이
기념방송을 취소시켜버렸다.

"왜 방송을 안한대냐?"

"방송취소 사과하라!"
"사과하라! 사과하라!"

군대가 항의하는 군중에
총을 쏘아 9명이 숨졌다.

아이고 내 아들 살려내라~

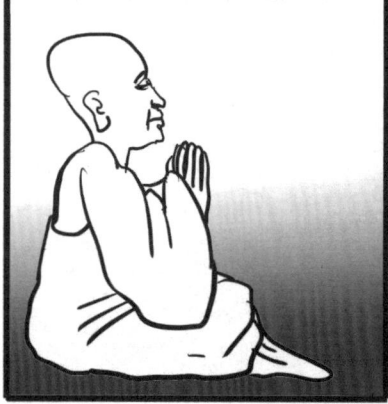

제10장 / 호치민의 투쟁 — 65

1963년 6월 11일 사이공 시내 한복판에서
66세의 베트남 승려 틱꽝둑이
응오딘디엠의 종교차별에 항의하여
분신자살을 했고 이 사진은
전세계에 뿌려졌다.

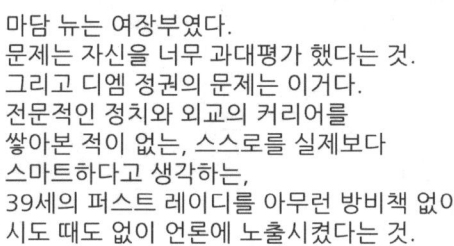

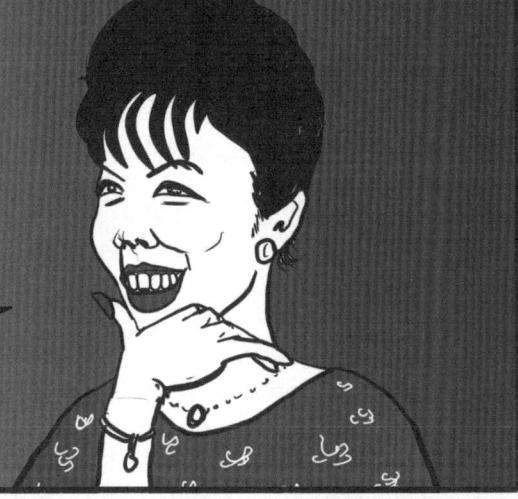

어느 버젼이 맞는지 밝혀지지 않았지만 어느 쪽이든 결과는 참혹했다. 촐론 근처 성당에서 붙잡힌 형제는 그들을 실은 장갑차가 본부에 도착했을 때 이미 시체로 변해있었다.

임무완수!

단발에 깨끗이 처형된 것도 아니었다. 심하게 구타 당하고 칼에 찔리고 여기저기 총상이 난 너덜너덜한 시체였다.

쿠데타 당시 마담뉴는 미국에 체류중이었다. 며칠 후 비버리힐즈에서 기자회견을 열었다. 선글래스는 부은 눈을 감추기 위함이었으리라. 이날 그녀는 미국을 향해 저주를 퍼부었다.

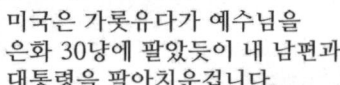

당시 18세이던 큰딸 뚜이

미국은 가룟유다가 예수님을 은화 30냥에 팔았듯이 내 남편과 대통령을 팔아치운겁니다.

어떻게 세계 최고의 강대국이 자신의 충실한 동맹에게 이럴 수 있는거죠?

이게 사건의 마무리라고 착각하지 마세요. 이제 시작일 뿐입니다.

베트남군과 미국은 배신의 댓가를 톡톡이 치르게 될겁니다.

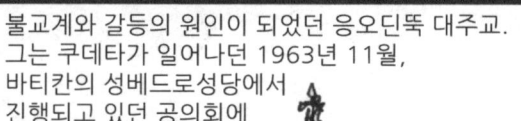

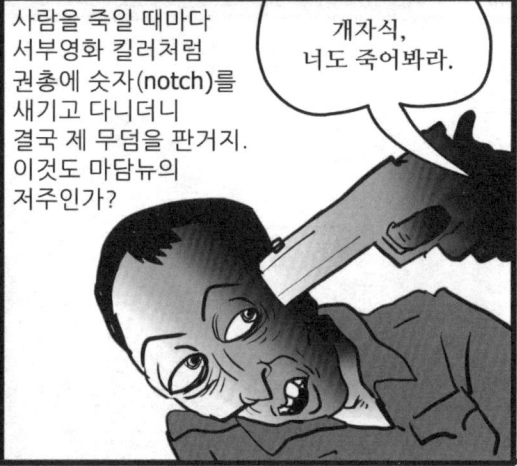

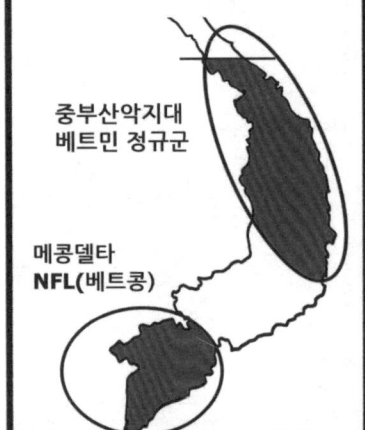

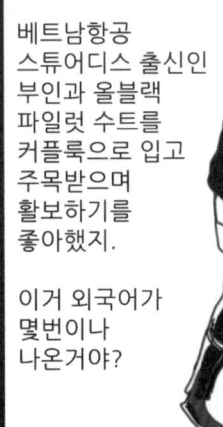

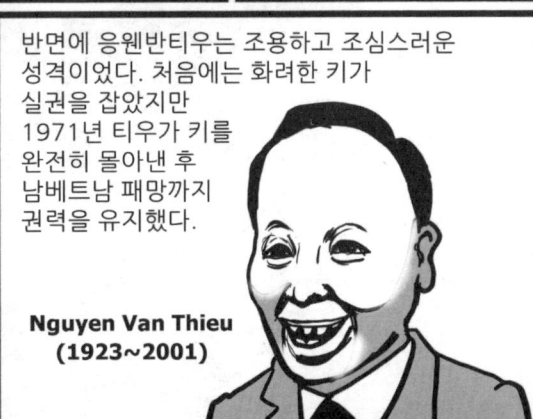

제10장 / 호치민의 투쟁

사실 그 날 통킹만에서 미해군 구축함 매독스호의 상황은 매우 혼란스러웠다.

이게 프로펠러 소리인지, 어뢰 소리인지...

날씨가 워낙 안좋아 시야 확보도 어려웠죠.

하지만 그와 관계없이 분명한게 있었다.
우리가 직접 싸우게 해주면 바로 끝내줄 수 있다니까요.

베트남인들만으로 공산주의자들을 상대할 수 있다고 생각하시오?
바로 미국인들의 전쟁의지.

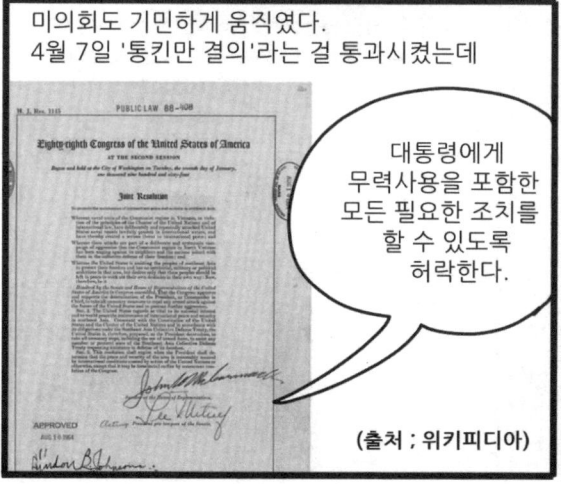
미의회도 기민하게 움직였다.
4월 7일 '통킹만 결의'라는 걸 통과시켰는데
대통령에게 무력사용을 포함한 모든 필요한 조치를 할 수 있도록 허락한다.
(출처 ; 위키피디아)

압도적인 찬반 표차를 보면 워싱턴 정가 전체의 전쟁 의지가 얼마나 강했는지 알 수 있다.
하원 416 : 0
상원 88 : 2

- 죠지 케난 ← 2권 306~308쪽

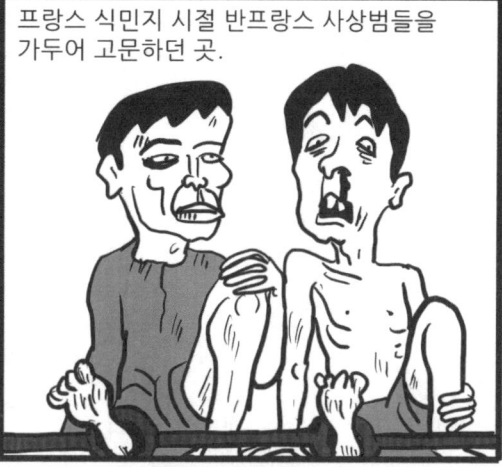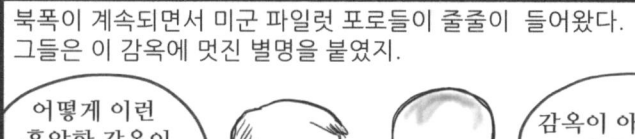

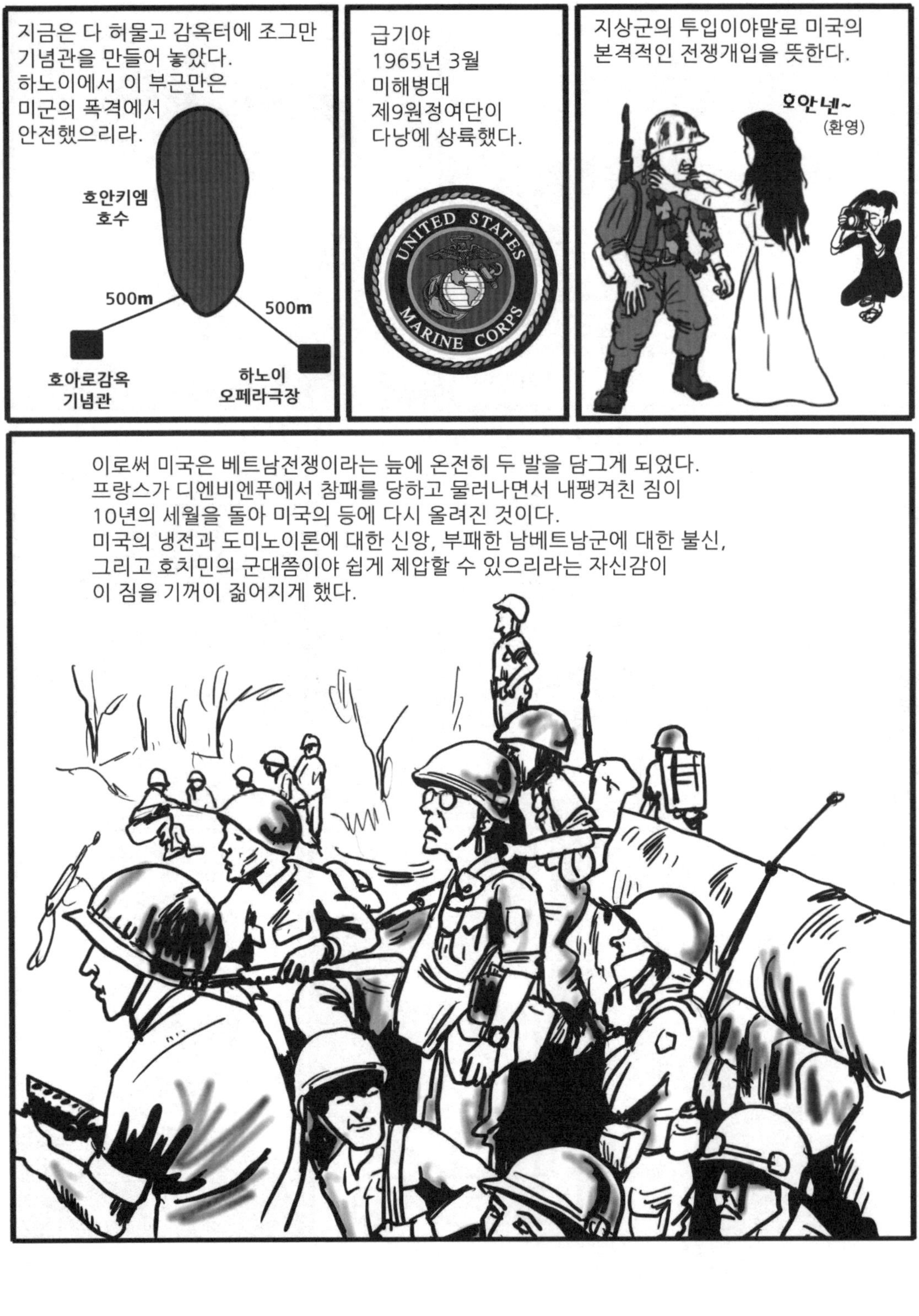

지금은 다 허물고 감옥터에 조그만 기념관을 만들어 놓았다.
하노이에서 이 부근만은 미군의 폭격에서 안전했으리라.

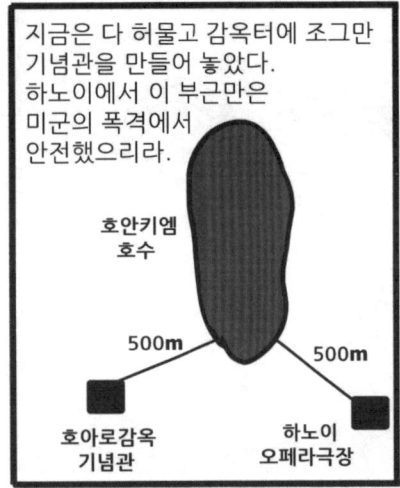

급기야
1965년 3월
미해병대
제9원정여단이
다낭에 상륙했다.

지상군의 투입이야말로 미국의 본격적인 전쟁개입을 뜻한다.

호안넨~
(환영)

이로써 미국은 베트남전쟁이라는 늪에 온전히 두 발을 담그게 되었다.
프랑스가 디엔비엔푸에서 참패를 당하고 물러나면서 내팽겨친 짐이
10년의 세월을 돌아 미국의 등에 다시 올려진 것이다.
미국의 냉전과 도미노이론에 대한 신앙, 부패한 남베트남군에 대한 불신,
그리고 호치민의 군대쯤이야 쉽게 제압할 수 있으리라는 자신감이
이 짐을 기꺼이 짊어지게 했다.

제10장 / 호치민의 투쟁 — 85

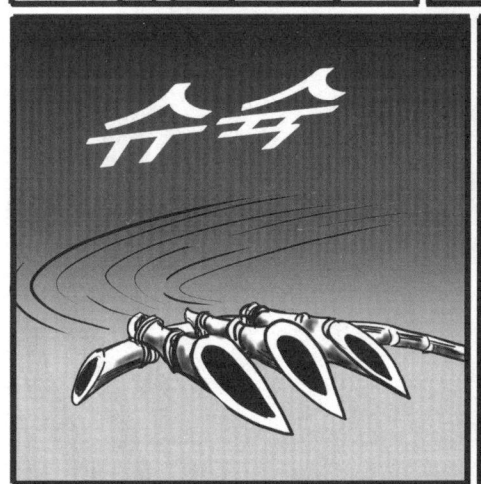

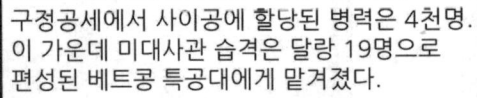

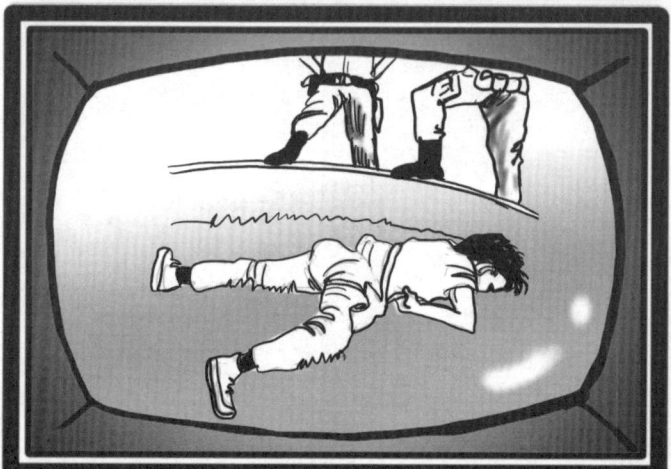

미국의 일반 시민들에게 구정공세로 마주한 베트남전쟁의 실상은 쇼크 그 자체였고 이 사건 이후 자신들의 정부의 선전을 의심하기 시작했다. 사태는 여기서 끝나지 않았다.

2월 1일, 구정공세로 한바탕 난리를 친 어수선한 사이공 거리를 순찰하던 경찰청장 응웬녹로안

야, 거기 뭐야?

베트콩 용의자인데 아군 장교의 일가족을 사살했답니다.

그런데 무슨 말이 필요해? 이리 끌고 와!

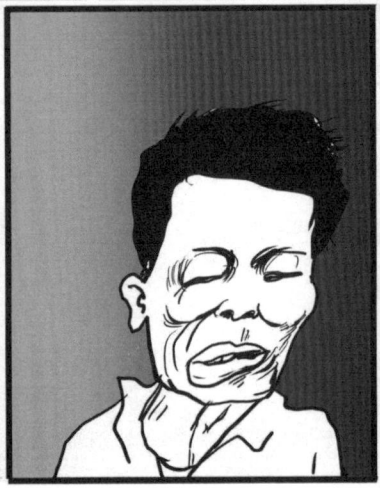

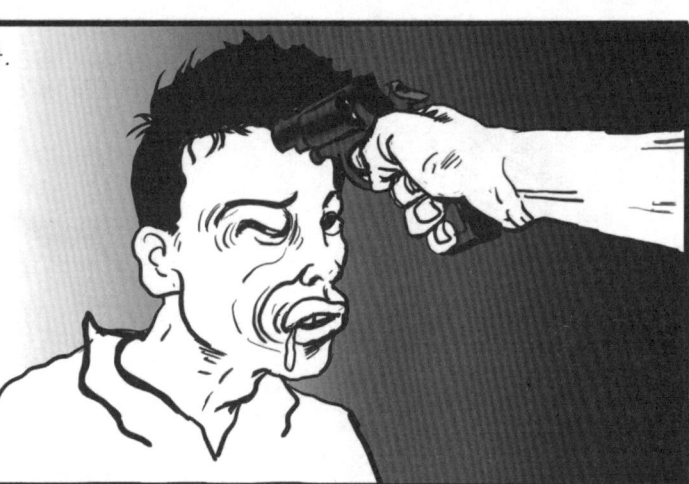

그날 그 거리에서 두 명이 죽었다.
베트콩 렘은 로안의 38구경
피스톨에 죽었지만
경찰청장 로안은 나의 카메라에
살해 당한거다.

구정공세의 그 시기에
사이공의 뜨거운 태양 아래
내가 로안의 위치에 있었다면
나도 그처럼 행동했을지도
모른다.

그들의 죽음으로 나는 돈을 벌었다.

사실 베트콩 렘은 구정 공세를 틈타 사이공에서 남베트남 군인과 경찰 가족을 학살하는 임무를 맡고있었다.

사살 당하기 며칠 전 응웬투안 중령의 일가족 일곱명을 살해하였는데 열살짜리 아들 하나만 기적적으로 살아남았다.

"남베트남이 패망한 1975년에 삼촌과 함께 미국으로 탈출했죠."

미국에서 자란 이 소년은 베트남계로선 최초로 미해군의 투스타가 되었다.

응웬 후안
Nguyen Huan
(1958~　)

하지만 당시 미국인들은 이런 배경에 관심이 없었다. 그날 뉴욕타임즈엔 베트콩의 어린이 학살 뉴스도 함께 실렸지만 여기에도 관심을 보이지 않았다.
사진의 시각적 힘은 엄청났다. 미국인들의 관심은 오로지 애덤즈의 사진에만 쏠렸다.

"이런 추악하고 잔인한 전쟁에 군대를 보내야 하는가?"

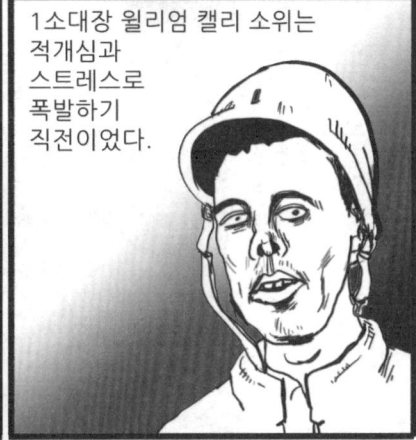

제10장 / 호치민의 투쟁 — 97

광란이 끝나자 베트남 중부의 평범하고 조그만 촌락에 민간인 109명의 시체가 쌓였다.
시체더미 안에서 어른 품에 안겨 보호된 아이들 여럿을 뒷수습 하러온 미군들이 꺼냈다.
미군들이 핑크빌이라고 부르던 이 지역은 미라이(My Lai)라는 마을이었다.
미라이 학살사건은 한국전쟁의 노근리 사건과 더불어 가장 악명 높은 미육군의 치부이다.

(출처 : 위키피디아)

양민을 학살하는건 베트콩이고 미국은 베트남인들의 마음을 얻고 있다고 떠들더니...

We are winning hearts and minds of people.

미국인들은 구정공세의 미대사관습격, 베트콩 즉결처형, 미라이 학살의 삼연타에 망연자실했다.

북베트남 정권에게 구정공세는 전술적으론 대실패였으나 전략적으론 신의 한 수가 되었다. 구정공세를 계기로 학생들과 반체제인사에 국한되었던 반전운동에 미국의 일반시민들이 호응하기 시작했거든. 이건 베트민 정권 입장에서 베트남에서 5개사단을 잃은 대신 미국본토에서 5개군단을 얻은 셈이었다.

북베트남군이나 미군이나 전사자에게 그 죽음을 애통해하는 사랑하는 가족들이 있었다.
그 슬픔의 무게에는 차이가 없었지만 그들이 고통을 감내할 수 있게 하는 전쟁을 해야할 명분의 무게는 전혀 달랐다.

그래서 호치민이 이런 말을 할 수 있었던 것이다.
어쩌면 베트남전쟁의 승부는 1968년 이즈음에 결정났던 것인지도 모른다.

남베트남 정권도 달래야 했기에 미친놈전략(Madman strategy)이란 걸 썼다. 베트남에서 빠져나오려는 의도를 숨기고 겉으로 호전적인 골통의 모습을 보여주는거지.

북베트남에 핵폭탄을 떨어뜨릴 수도 있다.

그래서 B52까지 동원한 북폭은 더욱 맹렬해졌고 1969년에 미국과 동맹군의 베트남전 병력이 피크에 달했다.

미국 543,000 따이한 50,000 태국 11,000 오스트레일리아 7,500 필리핀 2,000...

하지만 이때부터 물밑에선 비밀리에 정전협상을 시작하고 있었지.
티격태격 5년을 질질 끌다가 1973년 빠리에서 정전조약이 체결되었다.
정전협상의 두 주역인 레둑토와 키신저는 그해 노벨평화상을 공동수상하였다.

주요 합의사항은 이랬다.
60일내에 미국과 동맹국의 병력을 완전히 철수시킨다.

파 웅

17도 이남에서 민족해방전선(베트콩)의 점령지역을 명확히 하고 현재의 전선을 기준으로 전투행위를 멈춘다.

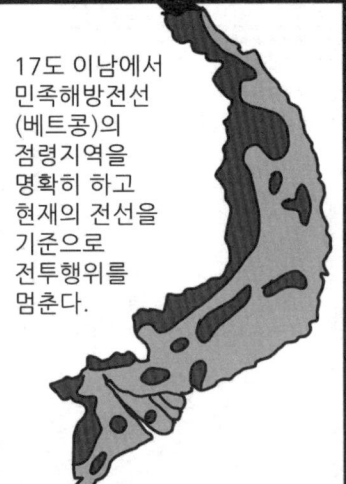

남베트남에서 정부, 공산주의자, 중도파 모두가 참여하는 자유선거를 통하여 정부를 구성한다.

??

응웬반티우 대통령

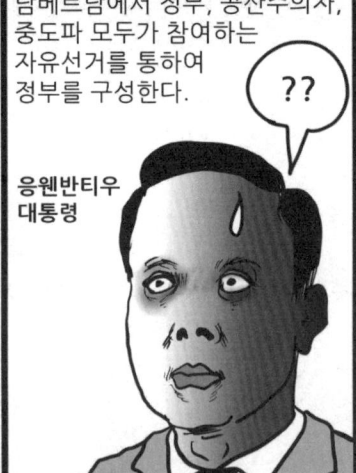

그리고 한 달만에 사이공이 포위되었다. 4월 29일, 미군방송을 통하여 화이트 크리스마스가 흘러나오면서 사이공에 남아있던 모든 미국인의 마지막 철수가 시작되었다.

제10장 / 호치민의 투쟁 — 103

미국의 마지막 헬기가 떠나간 직후 북베트남군이 인민해방전선 깃발을 앞세우고 사이공 시내로 쏟아져 들어왔다.

북베트남의 탱크가 도끄랍궁의 철문을 부수면서 진입하는 이 장면은 남베트남 정권 패망의 마지막 이미지로 세계에 각인되었다.

도끄랍궁(독립궁) ; 남베트남 대통령 관저

(출처 ; 게티이미지)

사이공에 진입한 많은 탱크들이 이런 포스터를 붙이고 있었다. 호치민은 전쟁이 한창이던 1969년 심장마비로 죽었거든. 그는 자신을 화장하고 묘소를 만들지 말라는 유언을 남겼지만 북베트남 정권은 호치민의 후광이 필요했다. 시신을 방부처리하여 하노이 바딘광장에 세운 거창한 모솔리엄에 모셔놓았다.

바끄호(Bac Ho) ; 호아저씨라는 뜻의 호치민의 애칭

바끄호, 당신은 지금 우리와 함께 진군하고 있습니다!

도끄랍궁 점령 책임자는 북베트남군 304사단 기갑대대의 중령 부이틴이었고,

Bui Tin (1927~2018)

도끄랍궁에서 기다리다가 그를 맞이한 사람은... 어라, 낯이 익은데?

그렇다, 응오딘디엠의 지시로 빈수옌을 소탕했던, 그리고 디엠정권을 뒤엎는 쿠데타를 일으켰던 빅민(Big Minh), 두옹반민이었다.

응웬반티우가 탈출한 후 항복문서 서명을 위한 일주일 임기의 대통령직을 떠밀려 맡은 참이었다.

형님만한 체격과 뱃심이 없잖수?

생사여탈권을 쥔 사람으로부터 동무라고 불리우는 일보다 섬뜩한 일이 있을까?

동무, 두렵소?

- 두옹 반 민 ← 50쪽, 69쪽

출처: 위키피디아

그래서 남티엔의 결과로 불과 300년 전에 베트남화되어 프랑스와 미국의 식민지 자본주의 체제에 길들여진 역사를 가진 사이공과 이들을 점령하고 일장훈시로 가르친 하노이는 매우 다른 도시이다. 거리를 산책해보면 사뭇 다른 분위기가 금새 느껴진다. 개방초기의 90년대만 해도 남쪽 사람들이 북쪽 사람들을 두려워하고 있다는 걸 느낄 수 있었다.

점령자들은 남쪽의 퇴폐적 자본주의의 악취를 지우려는 듯 사이공을 호치민시로 바꾸었다. 사이공 뎁람(Saigon dep lam)이라는 차차차 풍의 60년대 가요가 있다.

Saigon dep(매우) lam(아름다운)

냉전의 최전선에서 행복과 자유를 갈구했으나 약간은 퇴폐적이고 서구적이던 사이공의 분위기를 잘 보여주는 그 시절의 히트곡, 유튜브에서 찾아 들어보길 권한다.

그 사이공은 사라졌지만 현지인들은 아직도 호치민시라는 공식명칭보다는 사이공이라는 이름을 즐겨 사용한다.

위대한 승리를 거두고도 전후 10여년간 스스로를 가두고 암흑기를 보낸 베트남은 1990년경에 도이머이(쇄신)라는 간판을 걸고 세상의 문을 열어 바깥세계로 나오게 된다.

제11장

킬링 필드

제11장 / 킬링 필드 — 111

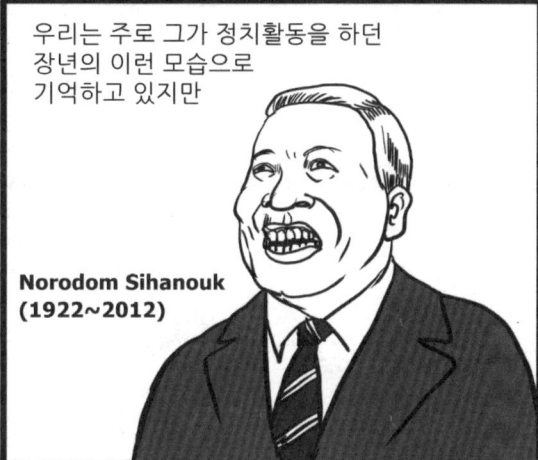

- 노로돔 ← 2권 256~258쪽

제11장 / 킬링 필드 — 113

난 아무래도 정치가의 소질을 타고난 것 같아.

1953년 11월 9일 드디어 완전한 독립을 선언했다. 이날이 지금도 캄보디아가 성대하게 기념하는 독립기념일이다. 베트남에서 프랑스의 패색이 짙어갈 무렵이었고 시아누크의 나이 팔팔한 32세 때였다.

잇따른 성공에 고무되었나보다. 스스로 국왕의 자리를 내놓았다.

겸직은 그만, 전업 정치가가 되겠노라.

왕위를 누구에게 물려줬는지 알아? 아버지 노로돔 수라마릿이 아들의 뒤를 이어 왕위에 올랐다. 이런 경우도 있나?

환갑이 다 돼서 아들을 이으려니 쑥스럽군.

시아누크가 정치를 하겠다며 만든 조직이 상쿰(Sangkum)이었다.

좌든 우든 모든 정당을 다 받아준다. 짬뽕가게 개업!

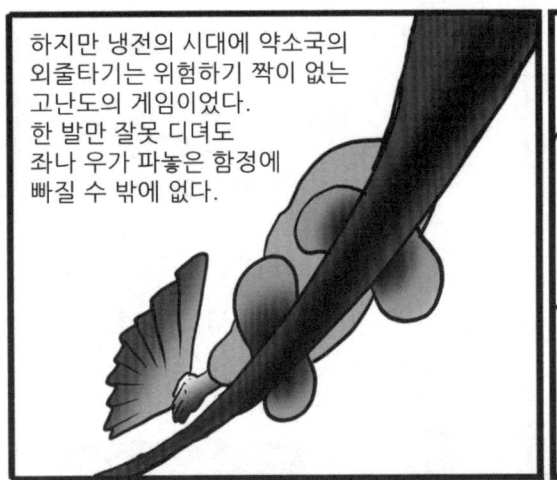

제11장 / 킬링 필드

- 사릿 ➡ 4권 196~204쪽
- 응오딘뉴 ⬅ 43~44쪽

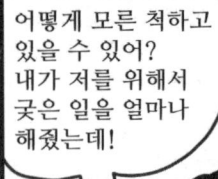

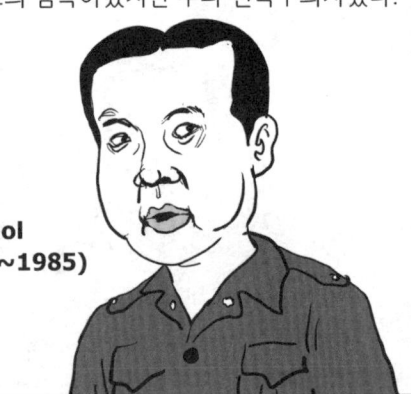

제11장 / 킬링 필드 — 131

시하누크는 새로 세운 민주캄푸치아(DK)의 국가수반 자격으로 1975년 9월 귀국했으나 1976년부터 국가수반 직위를 뺏기고 왕궁에서 연금상태로 지냈다.

새로운 국가수반 키우 삼판 (1931~)

그가 그나마 목숨을 부지할 수 있었던건 든든한 국제적 인맥의 마당발이었기 때문이다.

살려는 드릴게.

크메르루쥬의 실제 리더는 시하누크가 아닌 폴 포트였다.

Pol Pot (1925~1998)

본명은 아니다. 프랑스어의 '정치적 잠재력'을 줄여 만든 혁명가용 가명이다.

Politique
Potentielle

(Political Potential)

본명은 썰롯 써(Saloth Sar). 시소왓 모니봉왕의 임종을 지켰던 애첩이 누구였지? 바로 썰롯 로웅의 동생이다.

오랜 내전을 끝낸 모든 승리자가 부르짖는 모토가 있다. 크메르루쥬도 정상적인 정권이었다면 이렇게 외쳤겠지.

화해와 재건!!!

그러나 폴포트의 크메르루쥬가 벤치마킹한 모델은 불행하게도 마오쩌뚱의 **문화혁명**이었다.

- 썰롯 로웅 ← 110쪽

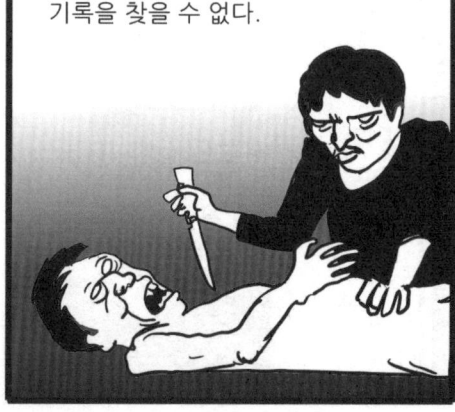

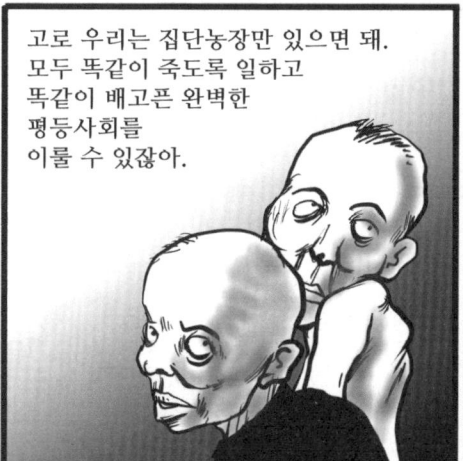

- 웨스트모어랜드 ← 86쪽

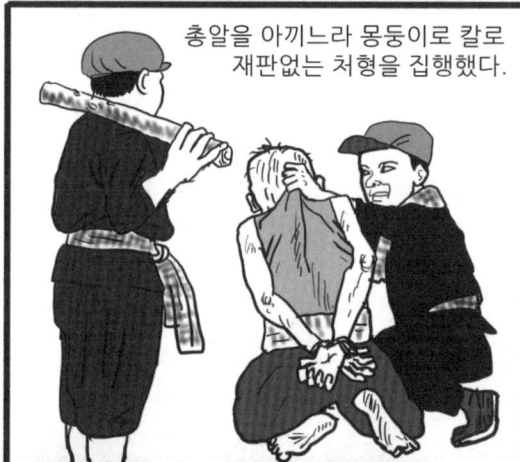
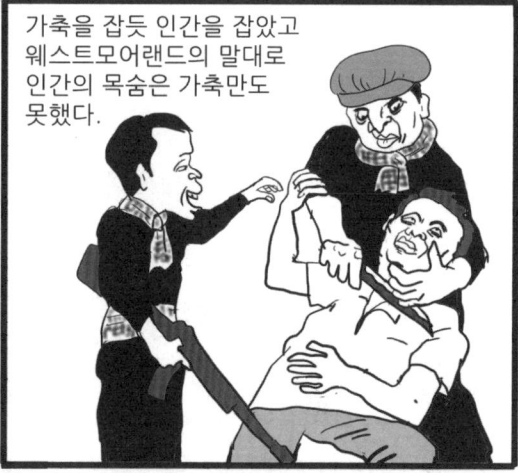

― 베트남의 남진(남띠엔) ← 2권 185쪽

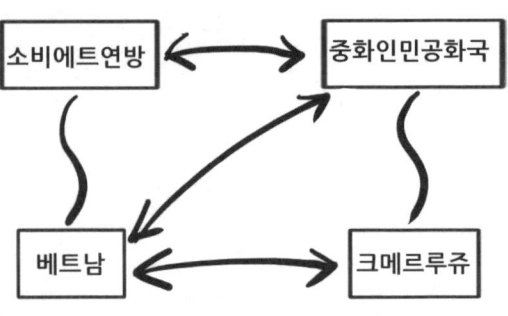

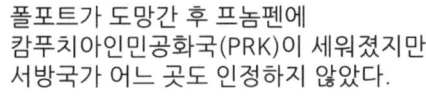

베트남은 캄보디아에 주둔했던 군대를 1989년 완전히 철수시켰다.

동지들, 캄보디아보다는 먹고살 일이 급하오.

베트남 제국주의자들과 그들의 괴뢰정부를 처단하라!!

가.버.렸.어...?

이렇게 냉전체제가 붕괴되면서 저마다 먹고살 일을 찾아나서자 개밥에 도토리가 된 게 누구겠어?

1991년 UN의 주도로 캄보디아의 모든 정파들과 19개국이 서명한 빠리협약이 맺어졌다. 캄보디아에서 수십년간 이어진 내전의 생난리가 막을 내리는 순간이었다.

프랑스 외무장관을 가운데 두고 사전 막후협상 중 찍은 이 사진에서 한쪽은 시하누크인데 반대편의 젊은이는 누구일까?

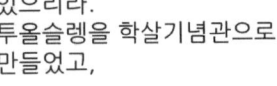

이 만화에서는 크메르루쥬를 표현하는 소도구로 그렸지만

크메르루쥬가 착용한 붉은색 체크무늬 말고도 크러마는 다양한 색깔로 만들어져 모든 캄보디아인들이 애용하는 필수품이다.

"부자는 무명 말고 감촉이 시원한 비단으로 만든 걸 썼죠."

그 용도는 실로 다양하다.

심지어 아이들은 똘똘 말아서 공 대신 사용하기도 한다.

캄보디아인이 있는 곳에 크러마가 있다. 캄보디아 정체성의 상징인 셈이다. 크러마는 단순하고 소박하지만 질기다. 비참한 근대사를 견뎌낸 캄보디아인들은 크러마와 같다.

크메르제국 멸망 후 베트남과 태국에게 수백년간 이리 차이고 저리 차였다. 불과 5년 동안 국민의 25%가 동족에게 죽어나갔다. 이런 참혹한 비극을 불과 40여년 전에 겪었다는게 믿기지 않을 정도로 캄보디아인들은 순박하다.

크러마처럼 찢어지지 않고 독재와 부패의 시대를 또다시 극복해내기를 바란다.

제12장

말레이시아와 싱가폴의 탄생

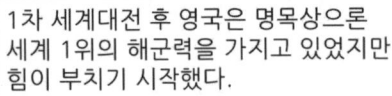

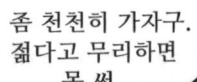

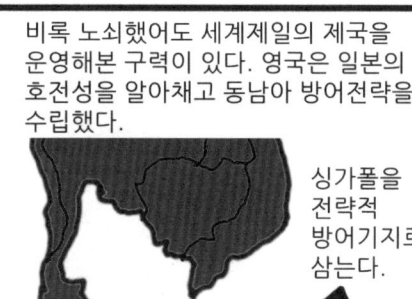
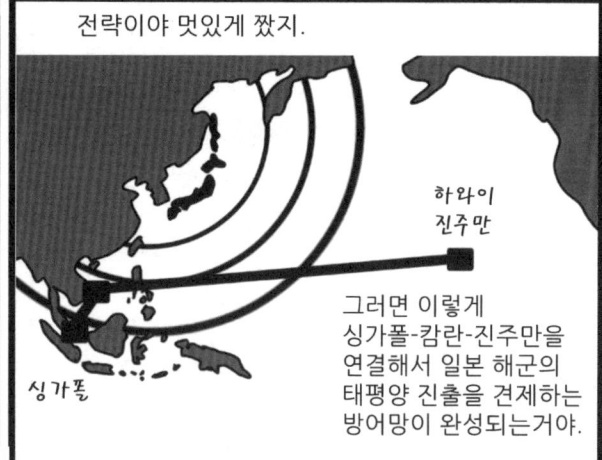

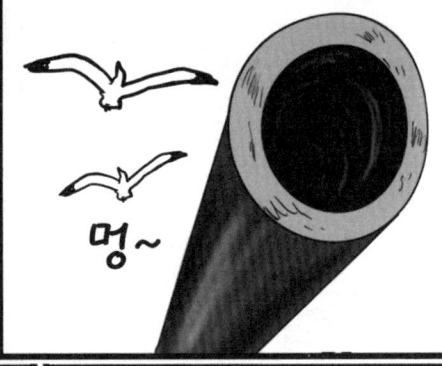

제12장 / 말레이시아와 싱가폴의 탄생

일본군이 말레이반도에 들어와서 제일 먼저 한 일이 주민들의 자전거를 뺏은거란다. 뺏은 자전거로 병력들이 빠르게 이동할 수 있었대.

네덜란드 친구한테 들은 이야기인데 독일군도 네덜란드를 점령하고 자전거를 뺏어 탔단다.

그래서 지금도 독일과 국가대표 축구시합이 벌어지면 이런 야유를 한다지.
"독일놈들아~"
"우리 할아버지 자전거를 돌려줘!"

호치민 루트로 보급물품을 나른 것도 자전거였으니 몇십년 전까지만 해도 자전거가 전쟁에서 한몫을 단단히 했다는 얘기지.

싱가폴을 점령한 일본군 사령관 야마시타 토모유키 목에 힘주고 한마디 했다.
"사실 영국군이 일주일만 더 버텼으면 우리도 대책이 없었다. 탄약도 보급품도 간당간당했거든."
이렇게 퍼시발을 두번 죽였다.

5억불짜리 드라이도크도 일본군 차지가 됐지. 항복 직전 갑문을 폭파했지만 고쳐서 쓸만했다. 이 드라이도크가 지금의 셈바왕조선소이다.
"기레이!"

싱가폴 함락은 태평양전쟁의 가장 참담한 패배였다. 이 전쟁으로 야마시타는 '말라야의 호랑이'란 별명을 얻었고 퍼시발은 포로가 되어 만주로 보내졌다.

영국군이 싱가폴에서 이리도 허무하게 패배한 근본적 원인은 무엇일까?

여러가지 이유와 핑계를 들었지만 근본적인 문제는 1940년대에 이르러서는 대영제국의 국력과 시스템이 세계 전역으로 팽창한 식민지를 감당하기 어려울 정도로 노쇠했다는 것일게다.

세계최강이라고 믿었던 영국이 규모가 더 작은 일본군에게 싱가폴을 내주고 8만명이나 포로가 된 사건은 동남아인들에게 대단한 각성과 충격을 주었다.

이 사건으로 서양인들이 동남아에서 군림하던 시대는 막을 내렸다고 봐야 한다.

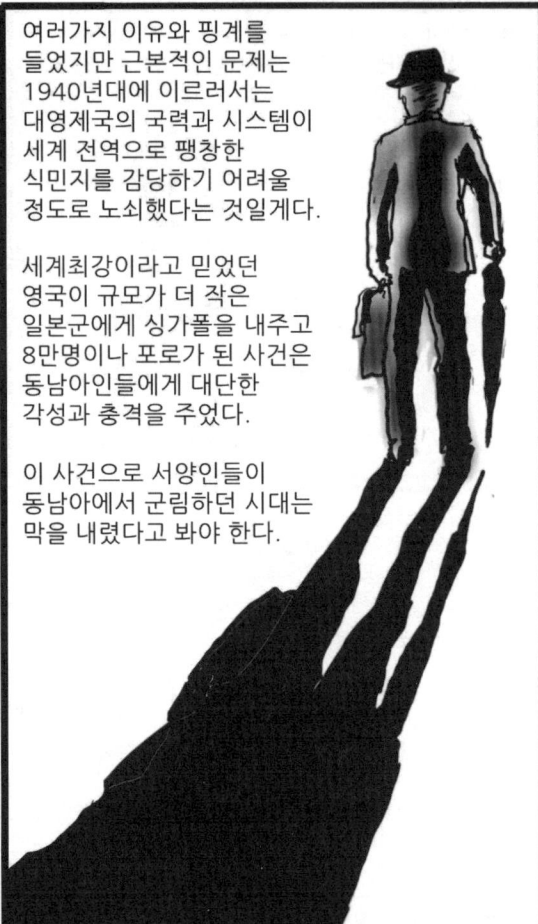

싱가폴의 스콧스로드에 굿우드파크라는 호텔이 있다. 손님이 오면 가끔 식사를 하러 가던 곳인데

나중에 알고보니 싱가폴을 점령한 일본군이 장교숙소로 썼던 곳이다. 전후에 영국군은 이 호텔의 마당에 텐트를 치고 일본군 전범재판을 진행했다.

박박
(이 가는 소리)

제12장 / 말레이시아와 싱가폴의 탄생

- FMS ← 1권 303쪽
- UMS, FMS ← 1권 319쪽

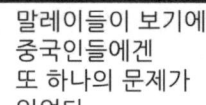

제12장 / 말레이시아와 싱가폴의 탄생 — 163

말레이시아가 독립하는 과정과 그 이후에 벌어진 일들은 말레이국가냐? 말라야국가냐? 결국 이 문제를 중심으로 전개되었다.

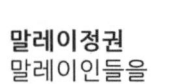
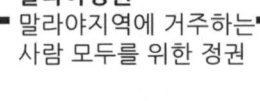

진작부터 출연 중이던 이 양반 소개가 늦었다.
움노(UMNO)측의 협상대표들은 주로 영국 유학을 다녀온 귀족 출신들이다.
이들이 말레이시아의 독립과 건국을 이끌게 되는데 그 중의 큰 형님이 **툰쿠 압둘 라만**이었다.

**Tunku Abdul Rahman
(1903~1990)**

말레이시아 건국 후 초대 수상으로 취임한 그는 건국의 아버지로서 미국의 죠지 워싱턴과 같은 대접을 받는 인물이다.

또 한 사람 알아둬야 할 인물이 있다.

툰 압둘 라작
Tun Abdul Razak
(1922~1976)

그는 툰쿠보다 19살이나 어리지만 함께 건국과정을 이끌며 툰쿠에 이어 2대 수상이 되었다.

이들의 이름 앞에 붙는 툰쿠니 툰이니 하는 호칭은 말레이시아의 작위를 의미한다. 원래 술탄국일 때부터 내려오던 작위체계에 건국 후 연방정부가 정한 작위체계가 뒤섞여 좀 복잡한데 일반적으로 자주 마주치는 작위는 이런 명칭들이다.

툰 (Tun)
탄스리 (Tan Sri)
다또 (Dato)

말레이시아 기업과 미팅을 하면 고위직 가운데 탄스리나 다또를 붙인 명함을 가끔씩 받게 된다.

가장 흔한 작위가 다또인데 한국인들 중에서도 말레이시아에 기여한 기업가나 정치가들이 받은 경우도 있다

공항에서 수속할 때 프리패스라구.

이렇게 자랑하는 걸 들었는데 지금도 그런지는 모르겠다.

툰쿠는 끄다 술탄의 동생이니 왕족이고 압둘 라작은 파항의 귀족 가문이었는데 이 두 인물의 성격은 판이하게 달랐다.

이웃 인도네시아 건국의 영웅, 수카르노와 하타의 성격도 정반대였지. 이런 정반대 조합이 함께 일하기 오히려 더 좋은 모양이지?

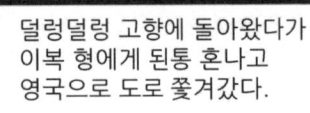

제12장 / 말레이시아와 싱가폴의 탄생 — 167

전쟁이 끝난 후 끄다주에서 한직에 있다가 40대의 나이에 영국으로 다시 떠났다.
이번에는 변호사 자격증을 기필코 따올게요.

이때 20대의 창창한 청년, 압둘라작이 장학생으로 법학을 전공하러 와 영국에서 둘의 만남이 이루어졌다.
자네 똑똑해 뵈는군. 노트 좀 빌려주지 않겠나?
팍삭 삭았네. 복학생?

툰쿠는 유학온지 수십년만인 1949년에 변호사시험에 합격했고
중간에 전쟁이 껴서 늦은거라니까.

압둘라작은 3년만에 간단히 합격했다.
공부가 제일 쉬웠어요.

리콴유 자서전을 보면 싱가폴문제 협상과정에 영국신사인 툰쿠를 대충 구슬렸다가 깐깐한 라작에게 막히는 대목이 수차례 나온다.
케임브리지 동문끼리 좀 봐주지...

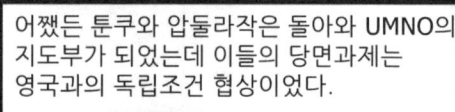
어쨌든 툰쿠와 압둘라작은 돌아와 UMNO의 지도부가 되었는데 이들의 당면과제는 영국과의 독립조건 협상이었다.

이 땅의 주인인 말레이인들의 특권을 보장하라.

중국인들의 참정권도 제한해야 한다.

말레이정부는 안된다. 말라야정부를 구성하라.

- 해협중국인, 이주중국인 ← 1권 124~127쪽

− 술탄과 아공 ← 1권 180~181쪽

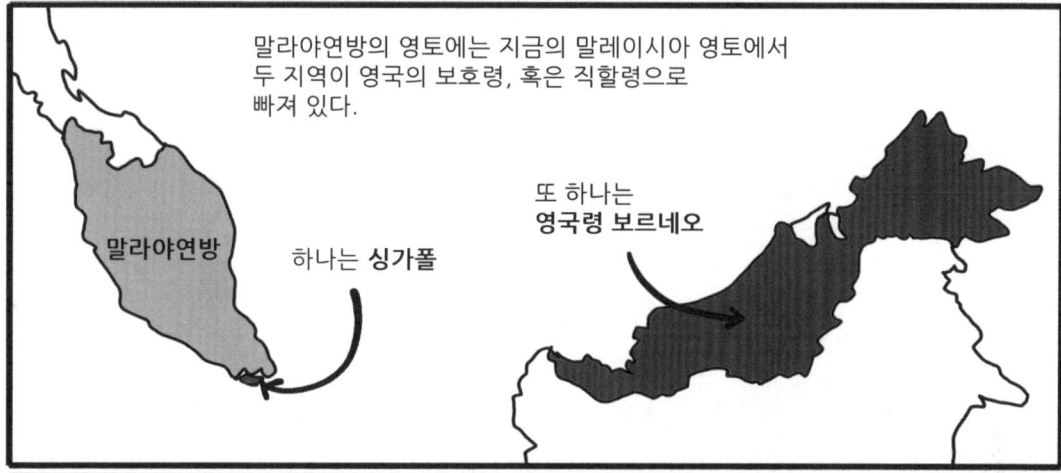

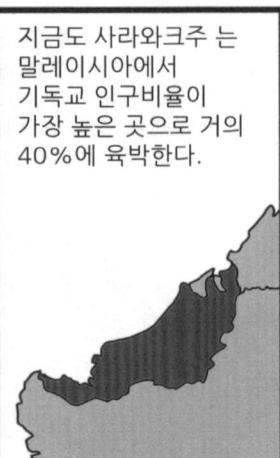

- 제임즈브루크 ← 1권 314~318쪽

제12장 / 말레이시아와 싱가폴의 탄생 — 173

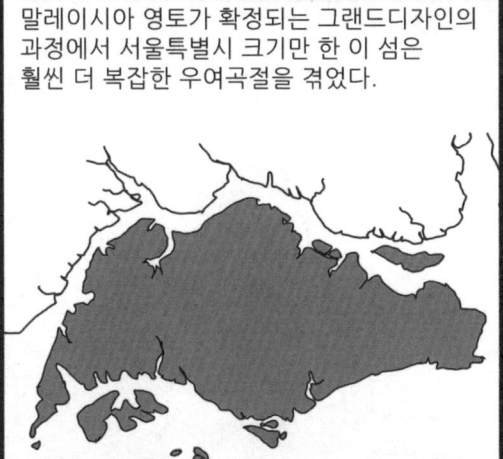

- 콘프론타시 ➡ 249~253쪽

리콴유의 집안은 광동에서 흘러든 객가였다.

客家
Hakka

객가는 숫자가 작은데 비해 수많은 정치가들을 배출했다. 태평천국의 난을 일으켰던 훙슈취안, 중국의 국부 쑨원, 중국을 바꿔놓은 덩샤오핑, 가까이는 타이완의 리덩후이, 차이잉원, 태국의 탁신 치나왓...

4대조 할아버지가 1863년 싱가폴로 들어와 자리를 잡았고 리콴유의 할아버지 리훈레옹이 당대 최고의 갑부 외이티옹함의 회사에서 월급을 받았으니 전형적인 중산층 해협중국인이었다.

해협중국인
(라오커)

이주중국인
(신커)

객가 뿌리의 해협중국인이라는 출신성분은 앞으로 리콴유의 정치인생과 싱가폴의 미래에 큰 영향을 미치게 된다.

우리 집은 영어로 대화를 나눴어요.

해협중국인은 영국 통치의 수혜자였다.

할아버지 때부터 영어로 가르치는 학교에 다녔거든요.

리콴유도 싱가폴의 영국계 학교 래플즈 스쿨로 진학했는데

흐음~ 또 내 이름인가?

— 객가(하카) ← 1권 119~120쪽

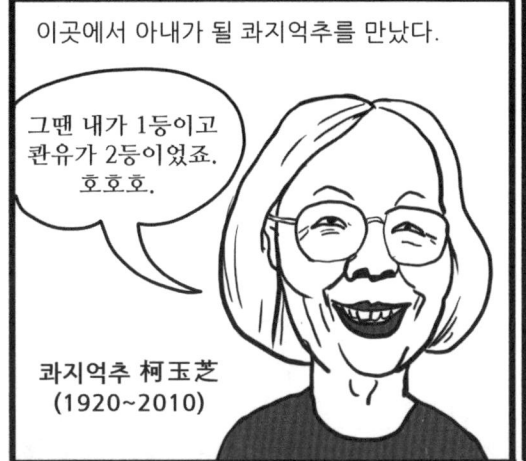

제12장 / 말레이시아와 싱가폴의 탄생 — 177

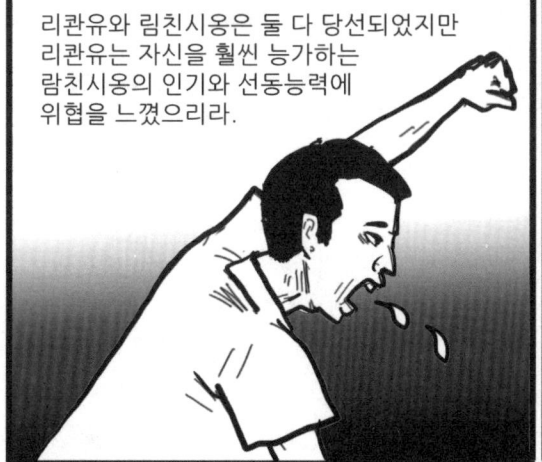

제12장 / 말레이시아와 싱가폴의 탄생 — 181

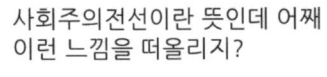

제12장 / 말레이시아와 싱가포르의 탄생 — 183

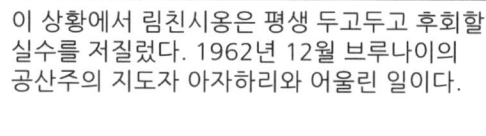

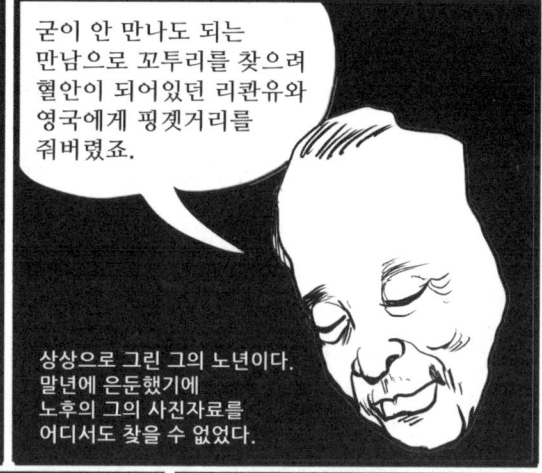

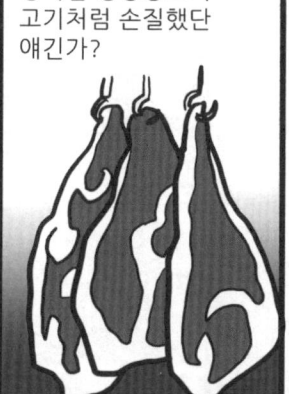

나는 공산주의에 대한 신념을 완전히 버렸습니다. 공산주의가 이상적인 사회를 만들거라고 생각했던 내가 어리석었습니다.

전향서를 받아든 리콴유는 림을 영국으로 보냈다. 림친시옹은 노조활동 시절의 동료와 결혼해서 만신창이가 된 몸을 치료하며 영국에서 살다가 만년에 겨우 싱가폴 입국허가를 얻어 돌아왔다.

조용히 숨어 살다가 1996년 63세의 나이로 죽었다. 그는 말년에 찾아온 지인들에게 이런 이야기를 여러번 되풀이 했다고 한다.

나는 한번도 공산주의자였던 적이 없었소. 방심하다가 정적에게 틈을 보였을 뿐이지.

그는 거의 싱가폴 수상이 될 뻔한 우리 가난한 중국인들의 희망이었죠.

이제 그를 기억하는 세대들이 싱가폴에서 거의 사라졌다. 그가 정권을 잡았더라면 싱가폴은 전혀 다른 사회가 되었으리라.

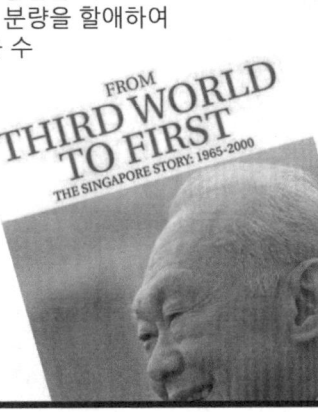

리콴유도 한때 동료였던 정치스타 림친시옹을 매장시킨 악연에 부담감을 가지고 있는 듯하다. 자서전에서 상당한 분량을 할애하여 그를 체포하지 않을 수 없었던 사정을 구구절절 설명하고 있다.

하지만 넓게 보면 해협중국인과 이주중국인의 헤게모니 싸움에서 기득권 세력인 해협중국인이 승리한 것이다.

이제 깨끗이 정리하고 왔으니까 말라야연방에 끼워주시는거죠?

제12장 / 말레이시아와 싱가폴의 탄생 — 187

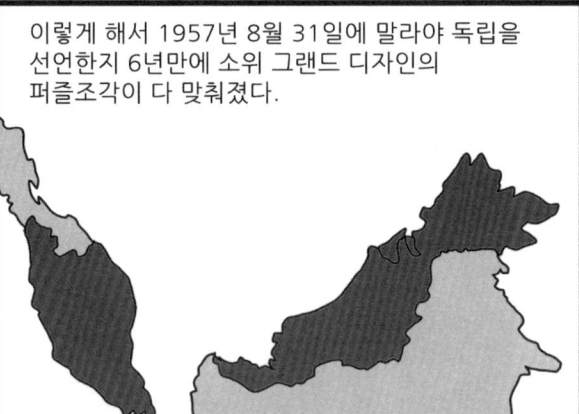

이렇게 해서 1957년 8월 31일에 말라야 독립을 선언한지 6년만에 소위 그랜드 디자인의 퍼즐조각이 다 맞춰졌다.

넓어진 영토에 걸맞는 나라 이름도 하나 만들었지.

Malays + ia (나라, 땅)

= Malaysia

말레이어에 그리스어 접미사를 붙인 글로벌한 신조어이다.

말레이시아 국가선포식도 독립선언한 날과 같이 8월 31일로 맞추면 폼나겠는데...

그런데 조그만 술탄국 하나가 눈치를 보고 있는거야.

우리 앞바다에 엄청난 석유가 묻혀있대요.

연방에 들어가면 석유를 다 같이 갈라먹어야 되잖아?

사실 브루나이가 처음부터 조그만 술탄국은 아니었다. 보르네오섬 전체의 주인이었지.

브루나이와 보르네오가 같은 뿌리의 말인 것만 봐도 알 수 있다.

힘이 약해지면서 여기저기 땅을 떼어주다 보니... 심지어는 영국의 백수에게도 땅을 떼줬었잖아.

그 브루나이에게 막판에 잭팟이 터진거야.

제12장 / 말레이시아와 싱가폴의 탄생 — 189

겨우 말레이시아호 버스에 탑승하게 된 싱가폴.

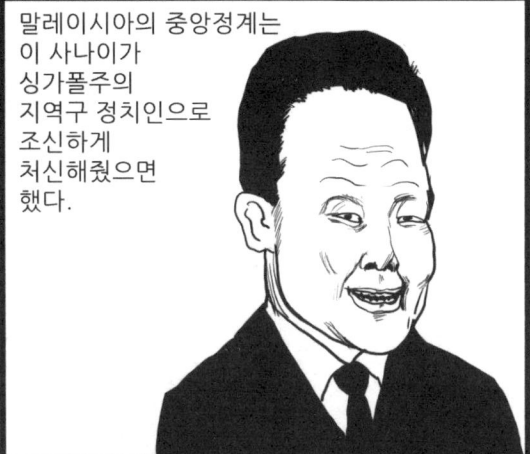
말레이시아의 중앙정계는 이 사나이가 싱가폴주의 지역구 정치인으로 조신하게 처신해줬으면 했다.

그러나 그러기엔 리콴유의 야심이 너무 컸다.
말레이시아의 집권당은 상시적 연합정당이라고 했지?

UMNO (말레이계 대표)
+ **MCA** (중국계 대표)
+ **MIC** (인도계 대표)

툰쿠형님, 여기서 MCA를 빼고 저희 PAP를 넣어주세요.

MCA는 중국인 유지들만 대표하지만 저희 PAP는 밑바닥 중국인들까지 사그리 표를 몰아올 수 있거든요.

말레이인들은 대개 보수적이고 주장을 자제하는 편이지만 싱가폴의 중국인들은 한 마디도 안 지고 자기 이익에 철저하다.

너무 나대는군.

할 말 있습니다. 싱가폴의 조세부담율이 너무 높아요.

저요, 저요. 주별 경제장벽을 낮춰서 자유무역을 활성화합시다.

또 쟤야?

제12장 / 말레이시아와 싱가폴의 탄생 — 191

두 달 후 의심에 기름을 붓는 사건이 발생했다.
1964년 7월 21일은 마호멧 탄신기념일,
파당에 2만명의 싱가폴 거주 말레이인들이 모였다.

파당은 대법원 등
주요시설이 에워싼
넓은 잔디밭,
우타마가 싱가(사자)를
목격했다는 전설의
그 장소.

싱가폴의
주요행사들은
거의 여기서 열렸지.

기념식이 끝난 후 말레이인들은 거리 행진을 시작했는데
정치적 구호를 외쳤다는 거야.

중국인들은 우리 땅에서 나대지 마라!

중국인을 부추기는 PAP를 규탄한다.

게일랑지역을 지날 때 쯤 폭력충돌이
일어났다는데 양쪽 주장이 엇갈려
누가 시작했는지 발화점이 어디인지도
정확지 않다.

우다닥

말레이 지도부에서 가장 염려했던 말레이인과
중국인들 사이의 인종 폭동이 일어난거다.
경찰과 구르카 병력까지 동원되어 겨우겨우
수습하나 싶었는데...

폭동이 일어났던
게일랑 뒷골목에서
말레이 인력거꾼이
의문의 변사체로
발견된거야.

이건 틀림없이
중국놈들
짓이야!

— 파라메스와르 ← 1권 181~183쪽, 186~189쪽

제12장 / 말레이시아와 싱가폴의 탄생 — 195

적지 않은 사람들이 싱가폴이 말레이시아로부터 독립을 쟁취한 걸로 잘못 알고 있다.
싱가폴은 독립을 '당해서' 생긴 나라이다. 그래서인지 8월 9일을 독립기념일이라고 부르지 않고 National Day, 이런 애매한 말로 기념한다. 어쨌던 8월 9일이 되면 파당 위로 불꽃축제가 펼쳐진다.

사실 싱가폴이 분리되면서 리콴유보다 더 타격을 입은 사람은 툰쿠였다.

그 중국인 변호사 조심하세요. 골치 아픈 친구예요.

주위의 반대에도 리콴유를 감싸주던 툰쿠였다.

싸가지는 좀 없지만 그래도 똑똑하잖아.

그는 통이 크고 포용력이 있는 대인이었다. 누구라도 그를 만나보면 팬이 됐다는데 영국인들은 그를 이렇게 평했다.

제대로 영국식 교육을 받은 말레이 귀족의 전형적 신사지.

툰쿠 칭찬인지 영국 교육 자랑인지는 모르겠지만...

싱가폴이 떨어져 나가자 이런 점이 오히려 공격거리가 되었다.

영감쟁이가 너무 물러터졌어.

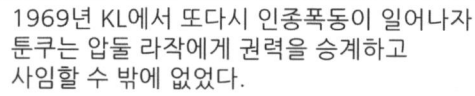

제12장 / 말레이시아와 싱가폴의 탄생 — 199

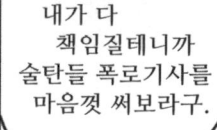

이 싸움에서 마하티르와 끝까지 힘겨루기를 했던 인물이 조호르 술탄이라고 했지? 자수성가한 흙수저의 입장에서 볼 때 이들은 턱도 없는 밥벌레들이었다. 술탄의 수많은 면책특권들이 이 때 없어졌다.

마무드 이스칸다르

마하티르를 발탁했던 압둘 라작이 표방한 경제정책이 있었다.

NEP!
(New Economic Policy)

신경제정책? 그게 뭐여?

뭐냐하면, 경제를 발전시키고 국민의 복리를 증진시키며 빈곤을 퇴치하기 위한 국가적 노력을...블라블라... 인종별로 특정업종에 몰려있는 분화현상을 해소하겠다.

정치가들이 앞에 '신'이나 '대'가 붙은 거창한 간판을 들고 나올 때 조심해야 한다

그리고 복잡한 긴 얘기를 하면 뻔한 변죽은 무시하고 특이한 부분만 들으면 된다. 그게 정작 하고 싶은 얘기니까.

왜 말레이들은 캄퐁에서 농사나 짓고 도시의 돈되는 일은 중국인들이 독점하고 있냐, 이걸 강제로라도 바꾸겠다 이런 얘기죠.

진작 이렇게 쉽게 말씀하시지.

- 술탄 마무드 이스칸다르 ← 1권 192~195쪽

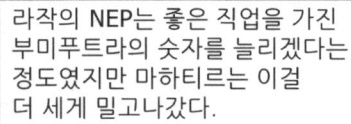

마하티르의 자신감이 늘어가면서 그의 서방세계에 대한 발언이 거칠어져 갔다.

미국과 유럽의 식민주의자들은 이중적이고 위선적이야.

서구적 가치가 더 우월하다고 착각하는 제국주의를 벗어나지 못하고 있어.

자기들의 퇴폐문화와 가치관을 일방적으로 우리에게 강요하지 말라구.

수카르노가 자신의 독재에 정당성을 부여하기 위하여 비슷한 이야기를 하기도 했고

우리식 민주주의!

체제유지를 위하여 극단까지 간 정권도 있지만

주체!!

마하티르의 반서구주의는 결이 좀 다르고 훨씬 더 진지했다고 생각한다.

아시아적 가치!!

천적에 앙숙이었던 리콴유의 노선과 가장 가깝지 않았을까?

이런 생각은 당시 잘 나가던 일본 기업들을 왕창 불러들였지.

Look east.

우리도 쫌...

제12장 / 말레이시아와 싱가폴의 탄생 — 203

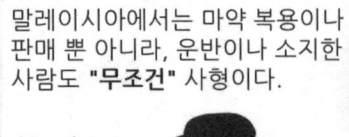

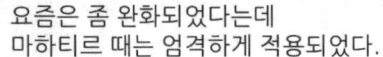

제12장 / 말레이시아와 싱가폴의 탄생

- 얍 알로이 ← 1권 304~307쪽

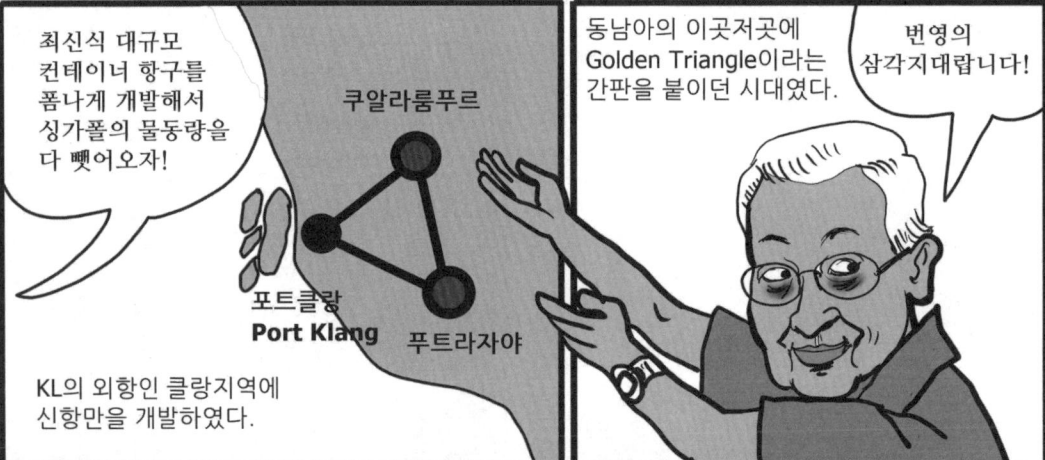

쿠알라룸푸르 시내에 우뚝 서있는 88층의 페트로나스타워. 1998년에 완공되어 타이페이에 101타워가 완공될 때까지 6년동안 세계 최고층빌딩의 타이틀을 가지고 있었다.

페트로나스 ; 말레이시아 석유공사

제13장

수카르노와 수하르토

동남아시아를 크게 대륙지역과 도서지역, 두 부분으로 나누어보면 이해하기 편하다 했었지?

대륙지역 (Mainland)

도서지역 (Archipelago)

태평양에서 인도양에 걸쳐 광대한 지역에 흩어져있는 동남아시아의 도서부는 수백개의 인종과 수백개의 언어가 존재하는 복잡한 지역이다.
하지만 이런 극한의 다양성 속에서 거시적 공통점을 발견할 수 있다.
우선 언어의 유사성이다.

서쪽의 인도네시아부터
(바하사 말레이)

슬라맛 다땅.
(Selamat datang)
환영합니다.

동쪽의 필리핀까지
(따갈로그)

살라맛 뽀.
(Salamat po)
감사합니다.

그건 동남아시아 도서부가 남쪽으로부터 바다를 따라 이동한 오스트로네시아어 계통의 언어를 쓰는 집단의 영역이기 때문이다.

오스트로네시아라는 말이 남쪽의 섬이란 뜻이라고 했다.

austro (남쪽)
+ nesia (섬)
= Austronesia

- 오스트로네시아어계 ← 1권 103~105쪽

제13장 / 수카르노와 수하르토 — 211

또 하나의 동질적 정체성은 이 지역에서 번성했던 제국들이다. 스리위자야나 마자파히트 같은 제국들이 이 지역을 통합했다. 물론 근대국가의 영토개념보다는 훨씬 유연한 만달라적인 제국이었지만.

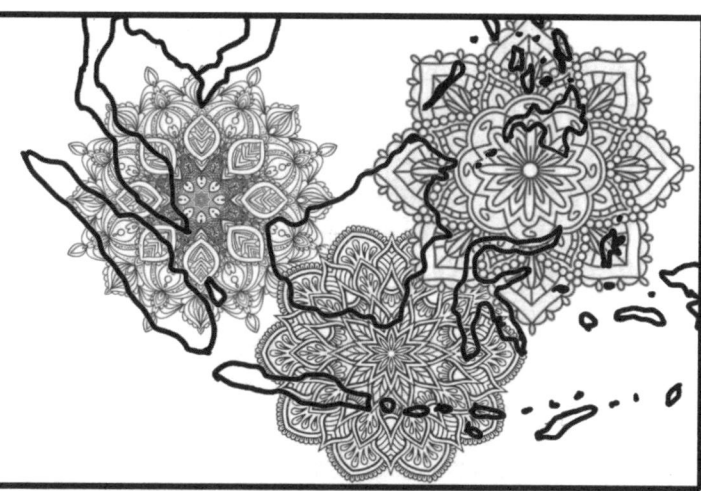

오늘날 말레이시아나 인도네시아의 국기가 마자파히트 제국의 깃발에서 영감을 얻은 것이라고 했던 것도 기억하시겠지?

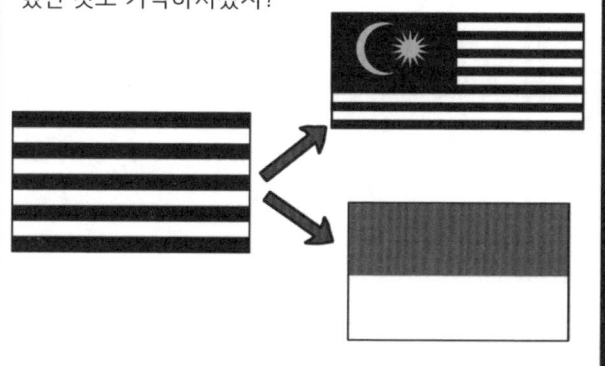

동남아시아 도서부를 통째로 아우르는 누산타라라는 개념이 있었던 것도.

누산타라를 정복할 때까지 향신료를 입에 대지 않겠노라!

도서부의 또 하나의 동질성은 이슬람교이다. 동남아의 이슬람교는 무력이 아닌 무역을 통해서 전파되었다. 이슬람 카르텔이 동남아 바다의 향신료 무역상권을 쥐고 있었지.

이슬람의 형제여.

알라의 가호를.

필리핀도 지금은 대부분 기독교화 되어 있지만 스페인인들이 오기 전까지는 이슬람화가 진행되고 있던 지역이다.

— 누산타라 ← 1권 202~204쪽

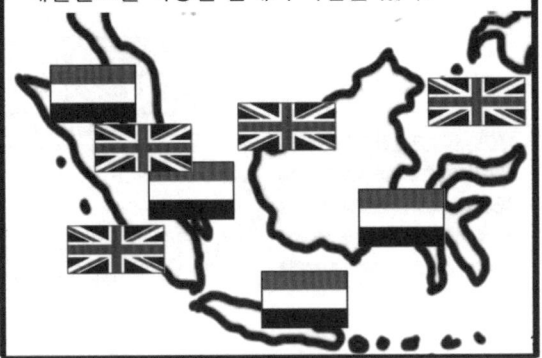

- 제임스 브루크 ← 1권 314~318쪽
- 런던조약 ← 1권 281~282쪽

제13장 / 수카르노와 수하르토 — 213

이러저러해서 1941년경 영국과 네덜란드는 누산타라 지역을 대략 이렇게 나눠갖고 있었다.

영국보호령인 말라야, 사라와크, 브루나이, 북보르네오.
그리고 거대한 네덜란드령 동인도제도.
(Dutch East Indies)

말레이시아나 인도네시아라는 말도 아예 없을 때였다.
그런건 오랜 후에나 만들어진 신조어이다.

여기에 1941년 일본군이 쳐들어왔고

1945년 일본 패전 후 동남아에서 쫓겨났던 영국과 네덜란드가 다시 돌아왔지만 이미 옛날의 지배자의 권위를 되찾긴 힘들었지.

돌아온 유럽인들과 현지인들 사이의 저항과 타협의 험난한 과정을 거쳐 옛 누산타라 지역에서 다섯개의 독립국가가 탄생하는데...

이 5개국을 바로 맞추면 실력자.

말레이시아, 인도네시아, 싱가포르, 브루나이, 동티모르.

오늘의 지도가 만들어지기까지에는 탐욕과,

계략과 눈치와

인종간 갈등과.... 아무튼 수많은 사연들이 숨어있다.
이 사연들을 모르고서야 이 지역의 오늘을 이해하는건 불가능하다.

지금의 인도네시아, 그러니까 네덜란드령 동인도제도부터 이야기를 풀어가볼까?

네덜란드가 동인도회사(VOC)를 앞세워 자바를 점령할 때 목표는 간단명료했다.

돈 돈 돈

그런데 열 살 소녀시절에 즉위한 여왕이 20세기에 접어들면서 성년이 되어 자기 목소리를 내기 시작했다. 빌헬르미나여왕이 진보파들을 편들기 시작하면서 풍향이 바뀌기 시작했다.

Wilhelmina
(1880~1962)

보수파들은 대놓고 이렇게 말했을 정도였으니까.

동인도제도는 빙크베스트야.

**Wingewest ;
착취를 위한 땅**

제13장 / 수카르노와 수하르토 — 215

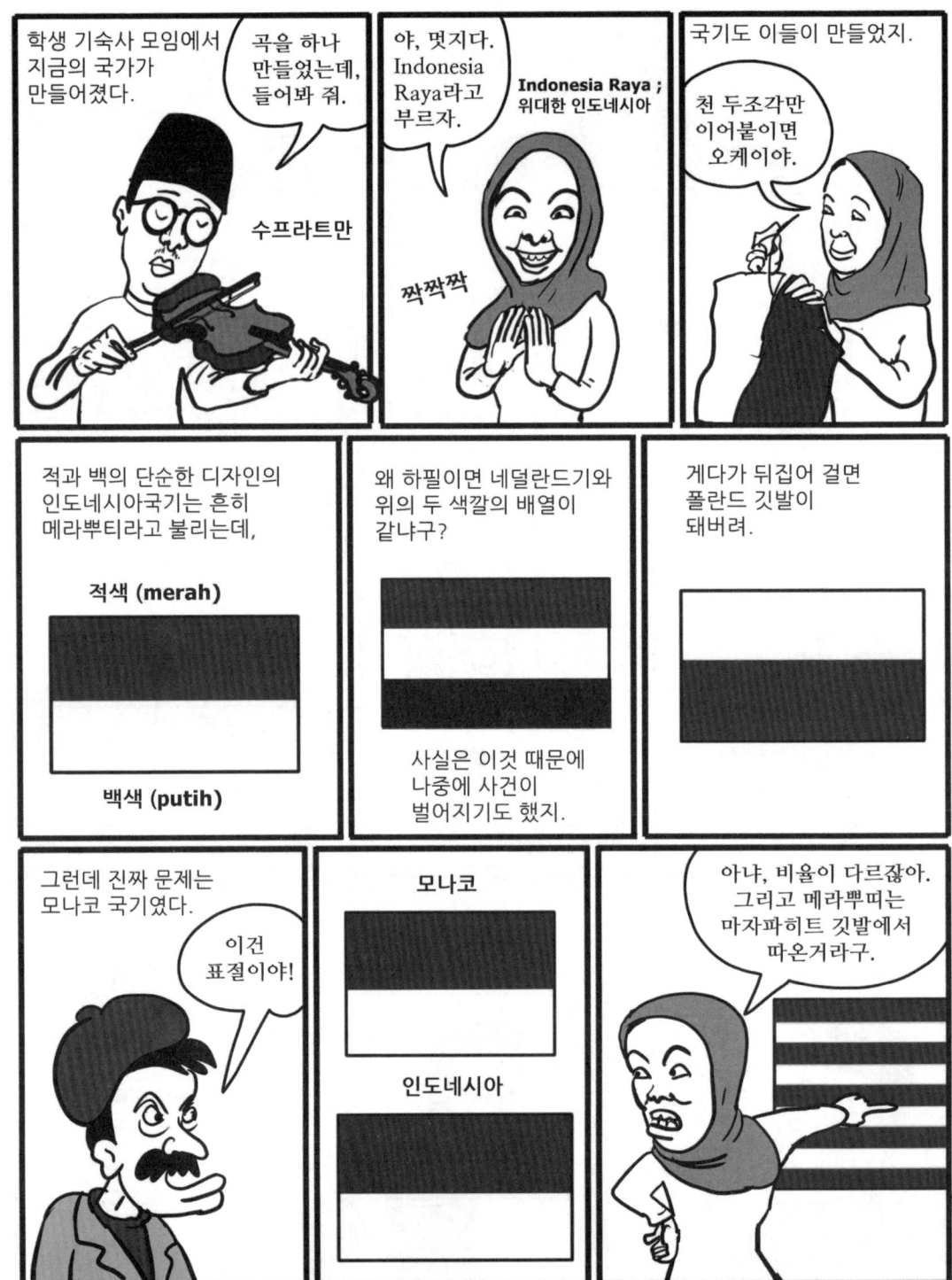

- 인도네시아 국기(메라뿌띠) ← 1권 205~206쪽

이 젊은이들 그룹에서 두각을 나타낸 두 명의 리더가 있었다.

수카르노 (1901~1970)

한 살 차이인 이들은 신생독립국 인도네시아의 정치지도자로 자라게 된다.

모하마드 하타 (1902~1980)

빠리에 있는 공항 이름은 샤를드골 국제공항,

자카르타에 있는 국제공항의 이름은 뭘까?

수카르노-하타 국제공항

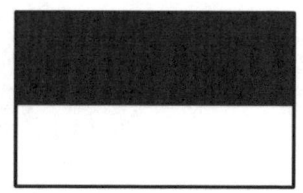

인도네시아 건국의 아버지로 추앙받고 있는 이 두 사람은 붉은 색과 흰 색처럼 대조적인 인물이다.

제13장 / 수카르노와 수하르토 — 221

그 사람이 있는 자리는 항상 떠들썩하게 대중들이 꼬이고, 사라지면 허전해지는 그런 사람 있잖아? 수카르노는 그런 사람이었다.

대단한 선동가에 대단한 연설가였지.

거기다 대단한 바람둥이였다. 반둥공대 시절 하숙을 할 때,

저 자식만 왜 반찬이 좋은거야?

다 이유가 있었지.

학생, 많이 먹어~

띠동갑 연상인 하숙집 주인은 두번째 부인이 되었다. 스무살 밖에 안된 수카르노에겐 이미 고향에 첫번째 부인이 있었거든.

이런 식으로 새로운 여자를 찾아서 이혼과 결혼을 반복했는데 호적에 올렸던 부인만 해도 9명. 그런데 이 9명을 옮겨 갈 때마다 첫사랑하듯 연애를 한 탁월한 사랑꾼이었단다.

세번째 부인 파트마와티와의 사이에 낳은 자녀들 중 하나가 훗날 인도네시아의 5대 대통령이 되었다.

메가와티 수카르노푸트리
Megawati Sukarnoputri
(1947~)

참고로 푸트라(putra)는 아들, 푸트리(putri)는 딸이란 뜻이다. 그러니 그녀의 이름은 수카르노의 딸 메가와티라는 이야기지.

하지만 9명의 부인 중 가장 유명한 인물은 따로 있다.

공식일정도 끝났는데 뭐 재미있는거 없나?

여부가 있겠습니까? 다 준비해 두었죠.

1959년 일본을 국빈방문 중이던 수카르노는 긴자의 룸살롱을 들렀는데,

최선을 다해서 모시도록.

― 바타비아 ← 1권 246~247쪽

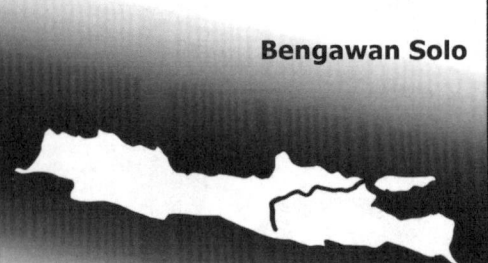

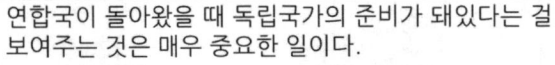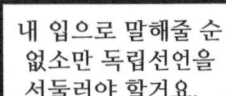

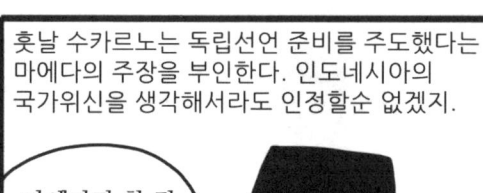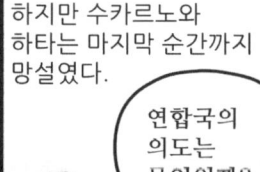

마이크와 촬영준비가 10시쯤 완료되었고 하타가 지켜보는 가운데 수카르노가 앞에 서서 독립선언문을 읽었다.

인도네시아의 독립선언은 급조된 탓에 베트남 같은 나라에 비하면 엄청 초라했지.

독립선언문의 내용은 더 했다. 이게 다였다.

> 우리 인도네시아인들은 독립을 선언하는 바이다.
> 권력의 이양과 관련된 여러가지 문제는 주의깊은 방법으로 가능한 한 빠른 시간 내에 처리될 것이다.
>
> 자카르타에서 1945년 8월 17일
> 인도네시아인들의 이름으로
> 수카르노와 하타

이것도 독립선언문이야? 마에다 관저에선 도대체 뭐한거야?

아직 무장하고 있던 일본군의 눈치를 보느라 이런 두서없는 독립선언문이 나왔다. 역사상 세계에서 가장 짧고 가장 모호한 독립선언문이었다.

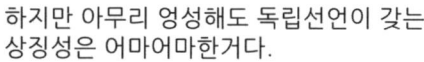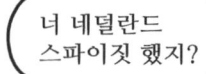

제13장 / 수카르노와 수하르토 — 233

1945년 9월 18일, 영국군을 주축으로 연합군이 인도네시아 제2의 도시 수라바야에 진주했다.

사령관 말라비장군
A.W.S. Mallaby
(1899~1945)

이때만 해도 과격한 퍼무자 세력과

외교를 통하여 독립을 이루려는 수카르노, 하타 등의 정치가 사이에 균형이 유지되고 있었다.

연합군은 수라바야에서 가장 큰 호텔인 야마또 호텔에 본부를 차렸는데 일본군이 동부자바 사령부로 쓰던 곳.

독립 후, 메르데카 호텔로 이름이 바뀌었다가 지금은 마자파히트 호텔로 운영되고 있다.

사건은 이 호텔의 옥상에서 시작됐다. 연합군을 따라온 네덜란드군이 이곳에 자기들 국기를 게양한거야.

이걸 본 수라바야의 퍼무자 의용군들은 피가 거꾸로 솟았으리라.

인도네시아 국기 메라뿌띠와 네덜란드의 삼색기는 한 끗 차이라고 했지?

몇몇 퍼무자들이 옥상에 침입해 삼색기의 푸른색 밑단을 잘라 메라뿌띠처럼 만들어버렸다.

링가자티조약대로 되었으면 인도네시아공화국과 자치주와 식민주가 복잡하게 뒤섞인 반식민지 USI(United States of Indonesia)가 탄생했겠지.

인도네시아공화국
연방주
자치주

하지만 이런 엉성한 정전 조약이 지켜졌겠어? 영국이 떠나자마자 곳곳에서 전투가 벌어졌다. 이때 전설적인 네덜란드 특공대장이 있었는데 그의 부대 혼자서 인도네시아인 4만명을 죽였다는 설이 있을 정도.

시체의 목을 잘라서 내다 걸어라.

이 자들에게 공포감을 심어야 돼.

레이몬드 웨스털링
Raymond Westerling
(1919~1987)

전역 후에 지옥의 묵시록의 커츠대령처럼 본국에 반기를 들고 자신의 왕국을 만들려고 했다. 수마트라 순다인들의 독립운동을 이용했지.

순다인들이여, 자바인의 지배를 받을건가?

인도네시아인들은 전범으로 처벌을 주장했으나 테너가수와 고서점 운영을 하며 살만큼 다 살다가 68세에 죽었다.

제13장 / 수카르노와 수하르토 — 237

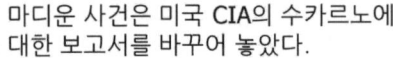      

제13장 / 수카르노와 수하르토 — 239

인도네시아의 독립과정은 같은 문화권인 말레이시아와 대조적이다. 영국령이었던 말레이시아의 독립은 곡절이 좀 있어도 소프트랜딩이었지만 "아우님이 양보하시지." "아니, 성님이"	인도네시아의 독립은 하드랜딩이었다. 이건 역사에 어떤 영향을 미쳤을까? "레볼루시!!"

4년 남짓의 험난한 레볼루시는 인도네시아에 엘리트 정치군인 그룹(군부)을 만들었다.

레볼루시가 배출한 군의 선두주자는 수디르만이었다. 초등학교에서 교사 생활을 하다가 일본군 훈련을 받고 군인이 되었다.

Sudirman (1916~1950)

그런데 아시아에는 학교 선생님하다가 군인이 된 사람이 왜 이렇게 많은거야?

안타깝게도 수디르만은 결핵을 앓고 있었다. 열망하던 독립을 이룬지 한 달만에 34세의 나이로 요절하여 인도네시아 군대의 상징적 존재가 되었고

출세의 열매는 후배군인들의 몫이 되었다.

- 보응웬지압 ← 20쪽

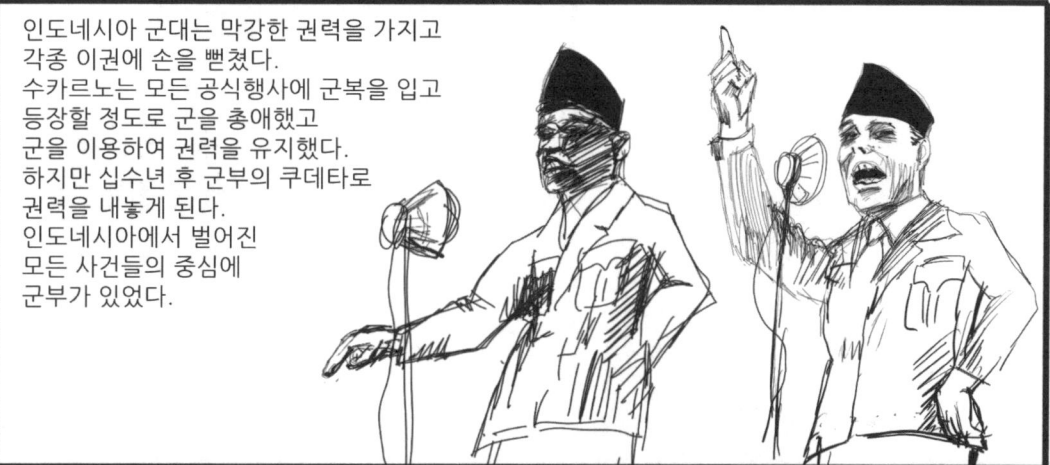

— 툰쿠 압둘 라만의 말라야 비상사태 대응 ← 163쪽

― 술탄과 아공 제도 ← 170쪽

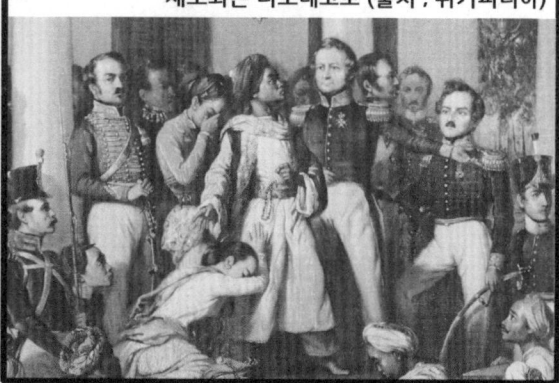

디포네고로를 배출한 우리가 네덜란드에 부역할 수는 없죠.

공화국이 되더라도 족자카르타 술탄만은 보호하겠습니다.

하멩쿠부워노 9세
2대 부통령 역임

족자카르타라고 하니까 자카르타의 아류 정도로 오해하는데 족-자카르타가 아닌 족자-카르타이다.

yogya(점지된)+**karta**(번성하는)
=번성하도록 운명지워진

식민지 시절 무역항 바타비아로 발전한 자카르타보다 훨씬 더 유서 깊은 자바문화의 중심지이다.

자택에서 독립을 선언한지 딱 5년 후인 1950년 8월 17일, 국제여론의 지지를 업고 수카르노는 인도네시아공화국의 출범을 선언했다. 파란만장한 레볼루시 끝에 인구 세계 4위인 대국이 적도 위에 생겨났다.

누산타라의 영광, 인도네시아 만세!!

바야흐로 화려한 수카르노의 화려한 전성시대가 시작되었다.

그의 시대와 그의 통치를 한마디로 표현하라면 이렇게 요약하겠다.

"민족주의적 포퓰리즘"

제13장 / 수카르노와 수하르토 — 245

1955년 4월 자카르타에서 반둥에 이르는 길은 국빈용 차량의 행렬이 꼬리를 물었다.

아시아, 아프리카에서 29개국이 참가한 반둥 비동맹회의.

WELCOME TO BANDUNG
THE CITY OF
THE ASIAN AFRICAN
CONFERENCE

참석자의 면면을 살펴보면, 인도의 자와할랄 네루,

이집트의 낫세르,

중국의 쩌우언라이,

암살 당한 아웅산의 뒤를 이은 버마의 우누...

반둥 비동맹회의의 무대에서 무대 체질인 수카르노는 주최국 대통령으로서 화려한 스포트라이트를 즐겼다.
수카르노 인생의 가장 빛나는 장면들 가운데 하나였으리라.

하지만 무대의 뒷면은 그리 화려하지 않았다. 네덜란드 식민정부가 떠난 자카르타에는 거리마다 슬럼과 구걸하는 거지와 분뇨와 악취로 넘쳐났다.

세계의 모든 종교와 300여개의 종족이 공존하는 대국 인도네시아는 결코 통치하기 쉬운 나라가 아니었다.

우리도 인도네시아인 이라는데??

아쩨의 극단적 이슬람 원리주의와

이슬람을 국교로 채택하라구.

중국계 중심의 사회주의, 공산주의 세력과

마오사상으로 인민혁명!!

중앙정부에 맞서는 군벌들이 뒤얽혀 난리도 아니었다.

이것도 나라냐?

언제부턴가 수카르노는 이런 소리를 하기 시작했다.

인도네시아의 미풍양속은 말이지...

해결할 일이 있으면 시원한 반얀트리 그늘에 마을의 원로들이 둘러앉아

이번 마을잔치의 경비 추렴 방법을 의논하겠습니다.

제13장 / 수카르노와 수하르토 — 247

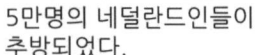

제13장 / 수카르노와 수하르토 — 249

능숙한 외교로 1962년 네덜란드가 뉴기니를 게워내게 했다.

나라 빚은 감당할 수 없을 정도였지만 국민들이 민족적 자부심을 느낄 수 있도록 폼잡는데 돈을 아끼지 않았지.

"대형 스타디움을 지어 아시안게임을 유치하라."

이래서 1962년 아시안게임이 자카르타에서 열렸는데 대한민국에서 첫 아시안게임이 열리기 24년 전의 일이다.

"아시안게임을 TV로 생중계해야지 폼나지 않겠어?"

지시를 하시니 TV방송국을 짓기는 지었는데 전국에 TV수신기가 몇 대 없어 아시안게임을 TV로 본 국민은 거의 없었다.

진짜 대형공사는 이거다. 132m의 거대한 탑.

자카르타 메르데카광장의 민족기념탑(MONAS), 꼭대기에는 인도네시아의 메르데카 정신을 상징하는 불꽃 형상을 올렸는데 모두 순금으로 만들고 싶었지만 35kg의 금으로 금박을 입히는 정도로 참았다.

MONAS
Monumen Nasional
=National Monument

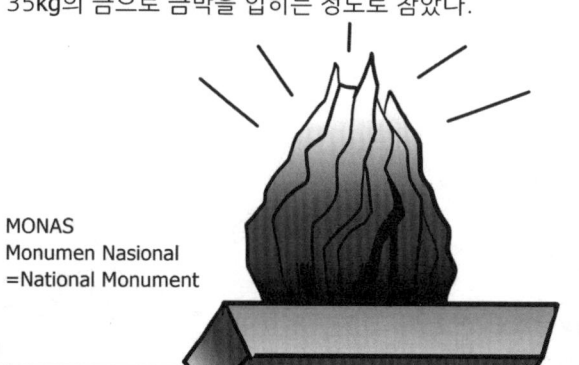

하지만 뭐니뭐니 해도 수카르노식 민족주의적 포퓰리즘의 클라이맥스는…

콘프론타시!

confrontasi
=confrontation

유럽인들이 들어오기 전에 동남아는 유럽과 같은 국경과 영토개념이 없었다. 그보다 훨씬 유동적인 세력권만이 있었다. 이걸 학자들이 '만달라'라고 부른다고 했지.

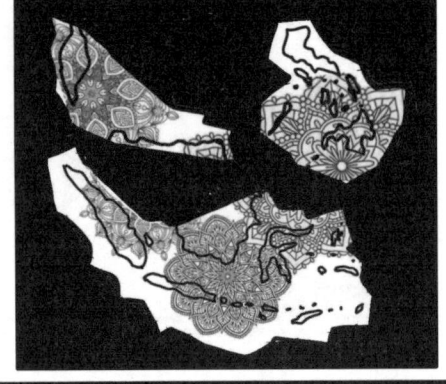

동남아 해양지역의 만달라가 2차대전 후 서양인들이 차지했던 식민지 영역에 따라 필리핀(미국), 말레이시아(영국), 인도네시아(네덜란드)로 재편된 것이다.

이런 식으로 1963년 말레이시아연방을 만들면서 영국이 지배했던 보르네오섬 북부를 편입시키자 수카르노는 '만달라 오려붙이기'에 반발하고 나섰다.

서말레이시아 / 동말레이시아 / 브루나이 / 사바주 / 사라와크주 / 인도네시아 칼리만탄

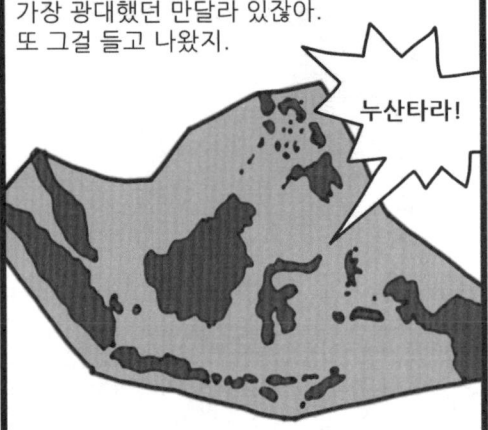

수카르노가 언제나 부르짖는 마자파히트의 가장 광대했던 만달라 있잖아. 또 그걸 들고 나왔지.

누산타라!

필리핀이야 종교나 뭐나 너무 서구화 돼버렸으니 그렇다 치더라도 이슬람권 정도는 자기 영역이라고 생각했던 듯하다.

— 만달라 시스템 ← 2권 161~164쪽

제13장 / 수카르노와 수하르토 — 253

오후 3시 엄청난 폭발이 일어나 은행 여직원 두 명과 말레이계 운전수가 죽고 수십명이 부상을 입었다.

콘프론타시는 무엇인가? 선전포고를 하지 않았으니 전쟁도 아니고 달성하려는 전략적 목표도 불분명하다. 무모하고 화려한 수카르노식 민족주의적 포퓰리즘이 아닌 다른 무엇으로 설명할 수 있을까?

하룬과 오스만은 타고온 고무보트의 모터가 고장 나 탈출하지 못하고 체포되었다. 이들 20대 젊은이들은 이벤트의 희생자가 되었다.

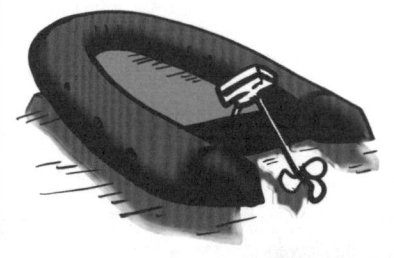

전투요원이 아닌 민간인에 대한 테러범으로 교수형에 처한다.

- 응오딘디엠의 최후 ← 69~70쪽

제13장 / 수카르노와 수하르토

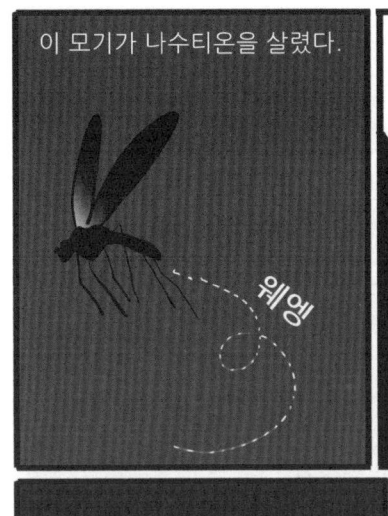

제13장 / 수카르노와 수하르토 — 261

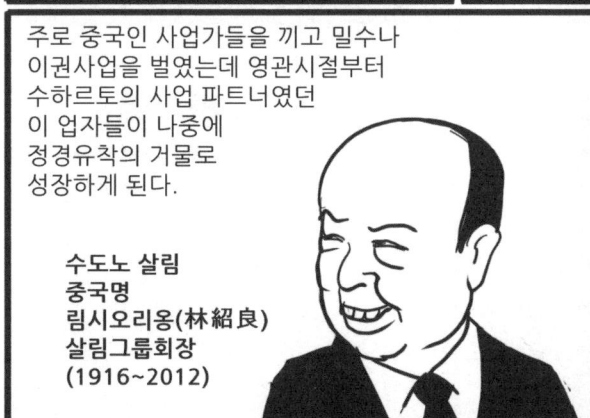

The Act of Killing은 이 당시를 그린 도큐멘터리. (2013년도 유럽아카데미 도큐멘터리 대상)

1965~66년 수마트라의 한 동네를 무대로 살인을 저질렀던 실제 인물들이 직접 등장하여 자랑하듯 당시를 회고하고 감독의 요청에 따라 살인의 구체적인 디테일을 재현하기까지 한다.

안와르와 그의 똘마니 헤르만은 동네 극장에서 기도나 보던 건달이었다. 1965년 게스타푸 이후 공산당 학살의 광풍이 불자 반공 민병대 행세를 하며 빨갱이 사냥에 나선다.
공산주의자이거나 공산주의자라는 제보가 있거나 중국인이면 죽이거나 협박을 하여 삥을 뜯는 등 인생 최고의 전성기를 맞았다.

그땐 내가 왕이었지.

아무나 잡아들이고

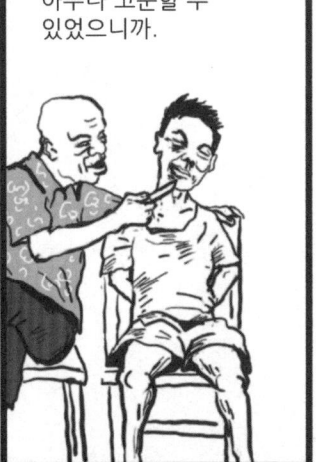

아무나 고문할 수 있었으니까.

각하, 격무에 건강이 상하신 것 같습니다.

보고르의 대통령 별장에서 요양이라도.

실질적인 가택연금이 시작되었다.
얘들아 정중히 모셔라.

그러고도 조심스럽게 권한대행을 거쳐 1968년에야 정식으로 인도네시아 제2대 대통령에 취임했다.

보고르에서 건강이 되레 악화된 수카르노는 2년 후 자카르타의 육군병원에서 70세에 세상을 떠났지.

그래도 수카르노는 다른 동남아시아의 풍운아들에 비하면 그나마 조국에서 자연사하는 행운을 누린 셈이다. 20세기 중반의 동남아 정치가들은 대부분 암살을 당하거나 망명지에서 죽었거든.

저 양반 복도 많지.

아무렴.

- 인도네시아 문장(비네카 뚱갈 이카) ← 1권 209~210쪽

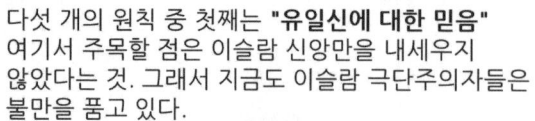

제13장 / 수카르노와 수하르토 — 273

제13장 / 수카르노와 수하르토 — 277

이부티엔은 수하르토와 사이에 6명의 자녀를 두었다.
이들이 자라면서 저마다 권력을 업고 이권을 챙겨 자녀 하나 하나가 권력기관이 되고 재벌이 되었다.
몇명만 살펴보면... 첫째 딸 시티 하디얀티 루크마나.
너무 복잡하지?
그래서 인도네시아인들은 그냥 투툿이라는 애칭으로 부른다.

**Tutut
(1949~)**

투툿은 각종 이권에 개입했지만 그 중에서도 인도네시아 톨게이트 수입의 대부분이 그녀에게 흘러들어갔다.

인도네시아 사람들 약어 놀이가 취미인데 가만 있었겠나.
그녀의 이름에 이런 그럴 듯한 해석을 붙여주었지.

Tampa   without
Usaha   effort
Tapi   but
Umtung   profit
Tenus   continue

놀고 있어도 저절로 돈이 굴러들어오는 여자.

부러우면 지는건데.

수하르토는 말기에 정치에 관심을 보이는 장녀에게 장관 자리를 하나 주었다.

그러나 수하르토가 쫓겨나는 바람에 단 2개월 밖에 못했지.

후에 스스로 당을 만들어 대통령 후보로 나섰으나 참패하고 말았다.

나만 왜...?

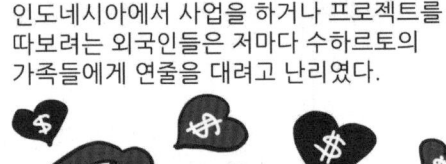

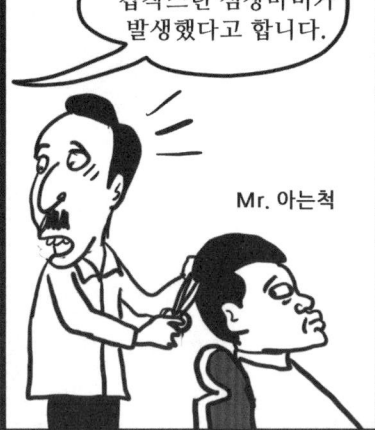

이 유언비어는 대중들의 수하르토가에
대한 인식을 그대로 반영하고 있다.
이부티엔이 죽은 후 이 형제들은 더욱
노골적으로 검은 돈을 빨아들였다.

수하르토가는 왜 그리 탐욕스러웠을까?
1950년대 초의 어느날 장녀 투툿을 안고
이 사진을 찍었을 때 이들 부부에게
그렇게나 엄청난 뇌물과 이권이
필요했을까?

돌이켜보면 이부티엔의 급사는
수하르토정권의 몰락을 예고하는
계시처럼 느껴진다.

인도네시아의 국민차 사업은
잘 흘러갔을까?

그렇지 못했다.
수하르토의 거칠 것 없는
독재권력으로도 대항할 수 없는
엄청난 파국이 조용히
다가오고 있었다.

이들의 광란의 파티가
클라이막스에 이르렀을 때
파국의 쓰나미는 이미
아시아를 덮칠 준비를
마치고 있었다.

그 파국의 쓰나미는 다름아닌
1997년의 아시아 금융위기였다.

아시아의 버블 파티는 막을 내리고
구미 금융권의 사냥축제가 시작되었다.

수하르토 정권도 이 쓰나미에
빨려들어갔으니…

제14장

싱가폴이 사는 법

싱가폴은 728평방km 면적의 섬이다.
면적은 지난 수십년간 조금씩 늘어났다.
어떻게? 계속 바다를 매립했거든.
쉽게 말해서 서울특별시(608평방km)보다
약간 큰 정도.

여기에 약 570만명의 인구가 살고있다.
400만명은 시민권자나 영주권자이고 나머지는
주재원이나 학생 같은 장기비자로 머무는
사람들이다. 여기에 중국계가 76%로 주류이고
말레이가 15%, 인도계가 7.5% 정도 된다.

이 중국인 중심의 인구비율이
말레이시아와 분리된
근본원인이었지?

작지만 인당 GDP는 세계 10위권에 드는
효율적인 나라 싱가폴은 리콴유 개인이
만든 작품이라 해도 과언이 아니다.

1965년 8월 9일, 말레이시아에서 쫓겨나
살길이 막막하다며 눈물까지 흘리던
싱가폴은 어떻게 오늘에 이르렀을까?

이 조그만 나라의 생존방법은 무엇일까?

정치의 상식으로 말하자면 리콴유는 1965년의
그날 권력을 내놓았어야 한다.

말라야연방에
들어가는 것만이
우리 싱가폴의
살 길입니다.

정적을 무자비하게 제거하고 자신의 주장대로
말레이시아의 싱가폴주가 되었지만 2년만에
쫓겨났잖아? 책임을 져야지.

싱가폴은
말레이시아가
될 수 없어.
중국인들의
독립국으로
남아야 한다.

림친시옹

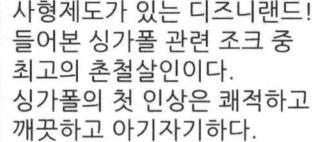

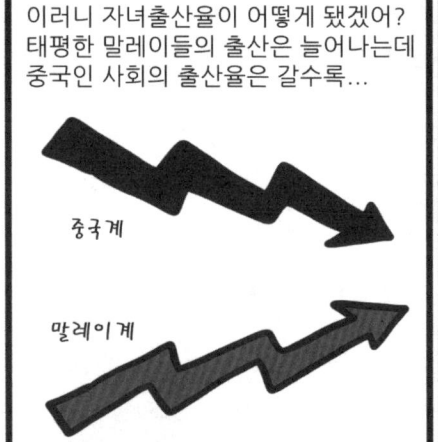

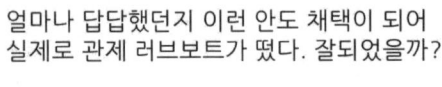

제14장 / 싱가폴이 사는 법 — 295

싱가폴은 중국인의 도시다. 이들의 대부분은 먹고살 길을 찾아 19세기말에서 20세기초에 흘러들어온 이주중국인, 쉽게 말해서 쿨리들의 후손이다.

도박, 매음, 아편, 조직폭력... 20세기 중반까지 싱가폴에 범죄가 넘쳐났다.

영국인들은 싱가폴을 이렇게 불렀다.

Sin City!

이런 사람들을 데리고 질서를 잡는다는게 쉽지 않았을 것이다. 그래서 싱가폴은 벌금의 도시가 되었다.

껌을 아무데나 뱉지말라고 아무리 말해도 안 듣는군.

원천적으로 해결했지. 껌을 씹기만 해도 벌금.

그래서 싱가폴에는 껌을 파는 가게가 없다.

담배 아무데서나 피우면 당연히 벌금

No Smoking
Fine $1000

노상방뇨 당근 벌금

No Urinating
Fine $1000

쓰레기 아무데나 버리면 벌금

No Littering
Fine $1000

화장실 쓰고 물 안 내리면 벌금

Not Flushing
Fine $500

침 뱉어도 벌금

No Spitting
Fine $1000

듀리안 냄새 아무데서나 풍기면 벌금

No Durian
Fine $500

등등등등...

그래서 한때 이런 티셔츠가 유행하기도 했다. 지금도 싱가폴 기념품 가게에 있을걸?

싱가폴 중국인들이 얼마나 말을 안들었으면 이랬겠는가? 하지만 부패는 벌금 정도로 해결될 문제가 아니다.

부패는 동남아의 고질적인 병폐이다. 공적 영역과 사적영역의 구분이 애매하던 근대이전의 전통이 이어져 내려왔고

근대 이후에도 부족한 국가예산을 핑계로 군대나 공공기관이 알아서 사업을 하여 경비를 자가조달하는걸 묵인해왔다.

공무원들이 공공연히 겸직 아르바이트를 뛴다거나 군대가 영리사업체를 운영하는 등 공과 사의 모호함은 범아시아적 현상이다.

여기에다 중국인들은 한 가지가 더 있다. 우리나라에도 없지 않지만...**연줄**

"실례지만 어디 최씹니까?"

"혹시 부친이 후저우에서..."

모든 일을 인맥으로 해결하려는 전통, 꽌시는 부패의 온상이었다.

제14장 / 싱가폴이 사는 법 — 297

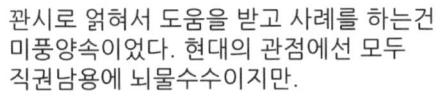

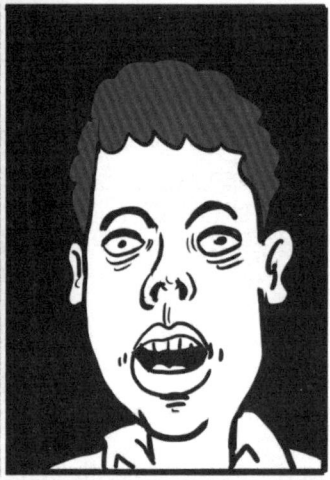

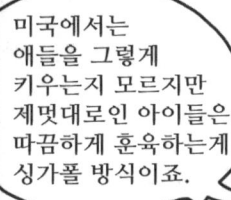

싱가포르에는 네 개의 공식언어가 지정되어 있다.

Official Languages

영어

중국어(만다린)

말레이어

인도 타밀어

주목할 것은 복건어가 아닌 만다린(북경어)이 공식어에 들어가 있다는 것.

네 개의 공식언어 중 가장 많은 사람들이 사용하는 언어는 영어이다.

하지만 법적인 국어(National Language)는 엄연히 말레이어이다. 싱가포르의 국가는 말레이어로 되어있다.

"싱가폴이여 전진하라" 이 정도 뜻이다.

싱가폴 국기에 이슬람풍의 디자인이 들어가 있는 것도 이웃나라들에게 보내는 메시지이리라. 너무 괴롭히지 말라는…

달 모양은 말레이, 다섯개의 별은 중국인들이 원한 것이라고 한다. (오성홍기)

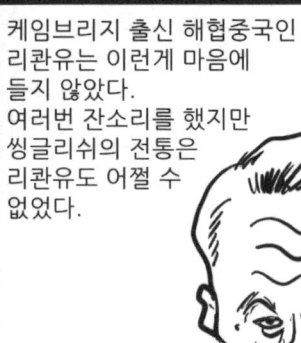

제14장 / 싱가폴이 사는 법 — 309

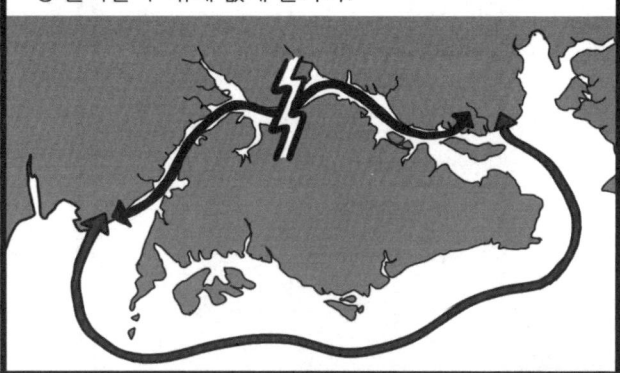

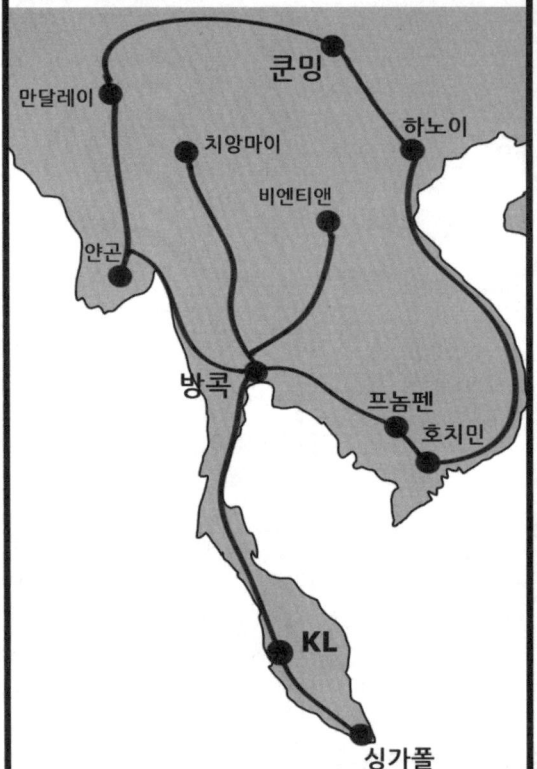

제14장 / 싱가폴이 사는 법 — 311

- 콘프론타시 ← 250~253쪽

제14장 / 싱가폴이 사는 법 — 313

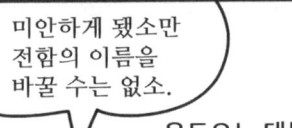

리콴유의 극단적인 공익 우선과 실용주의 정책은 쿨리들의 Sin City를 부패 없는 풍요로운 도시로 만들었지만 동시에 극단적인 물질주의 사회로 만들었다.

싱가폴의 국민성을 한마디로 말한다면?

Kiasu!
키아수

키아수는 이 단어를 호키엔 사투리로 읽은 말이다.

두려워할 파(백)   보낼 수

글자 그대로 하면 '놓아주기 두렵다' 이런 뜻인데 조금 의역하자면 '남에게 뺏기기 싫다'에 가깝다.

벌금제도를 비꼬는 티셔츠가 유행이듯

키아수 티셔츠가 기념품으로 팔릴 정도로 싱가폴을 대변하는 단어이다.

동남아인들의 특징을 나타낸 '아목'이라는 말레이어가 영어사전에 등록되어 있듯

amok

'키아수'라는 싱가폴어(?)도 영어사전에 등록되어 있을 정도로 싱가폴 사회의 특징을 표현하는 단어로 대접을 받는다.

kiasu
A grasping selfish attitude

30년간 집권한 리콴유는 1990년 고촉통에게 총리직을 물려주었다. 싱가폴 최대 해운선사인 NOL 사장 출신인 그는 훤칠한 키에 점잖은 매너의 신사였다.

Goh Chok Tong
吳作棟
(1941~)

리콴유는 총리직에서 물러났지만 권력에서 물러나진 않았다. 선임장관이란 희한한 타이틀을 달았다.

명함을 새로 장만했다우.

Senior Minister, SM?

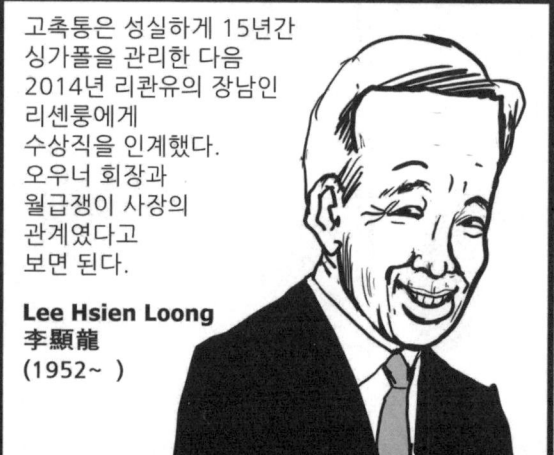

고촉통은 성실하게 15년간 싱가폴을 관리한 다음 2014년 리콴유의 장남인 리셴룽에게 수상직을 인계했다. 오우너 회장과 월급쟁이 사장의 관계였다고 보면 된다.

Lee Hsien Loong
李顯龍
(1952~)

고촉통에게 선임장관 타이틀을 물려주고 리콴유는 멘토장관(Mentor Minister)으로 물러앉았다.
이름도 잘 만든다.

리시엔룽은 학창시절 상당한 수재였다. 케임브리지와 하바드에서 공부했다. 그리고 재벌 2세들처럼 착실하게 경영수업을 받았다. 고촉통 아래서 여러 부서의 장관과 부총리를 맡으며 경력관리를 했지.

울아부지가 국민들에게 엄격한 아버지였다면

그는 아버지와 차별화하려고 노력도 한다.

전 친한 형님같이 생각해주세요.

오차드로드 근처에 식민지시절 서양인들이 지은 저택들이 몰려있는 동네가 있다. 꽤 유복한 해협중국인이었던 리콴유의 가족은 태평양전쟁이 끝난 직후 침실만 8개인 이 동네 저택을 하나 사들였다. 주소를 따서 옥슬리가 38번지 저택으로 부른다.

내가 죽고나면 이집을 허물어라.

아니, 역사적으로 보존가치가 있는 건물인데요.

사실이 그렇다. 초대수상이 10대부터 살았고 3대수상이 태어나 자란 곳이다. 더구나 PAP 창당회의를 이 저택의 지하실에서 했거든. 청년 리콴유가 림친시옹의 입당을 권유하러 만난 곳도 이 집이었다.

바로 내 기념관 같은걸 만들까봐 허물라는거야.

하지만 말년에 독신으로 사는 딸이 신경쓰였는지 유언을 몇번 수정했다.

웨이링이 살고 있으니 개가 살만큼 살게 하고 그 뒤에나 허물든지...

Lee Wei Ling
(1955~)

리콴유같은 역사적 인물에게 죽은 후 자신의 기념관을 거부할 권리가 있는걸까? 호치민도 사후에 일체의 기념물을 거부했지만 결국은 하노이에 거창한 묘소가 지어졌지.

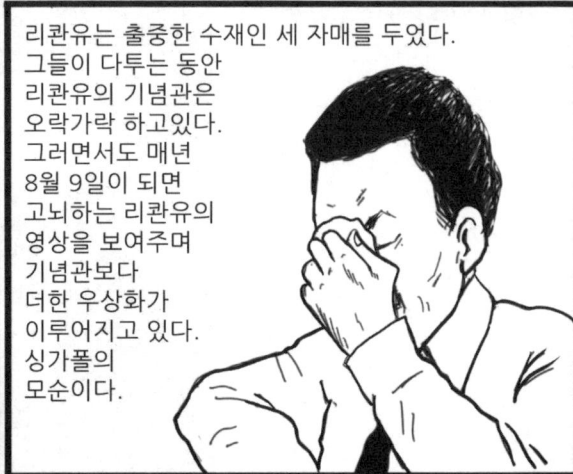

별볼일 없던 어촌이던 싱가폴은 래플즈의 안목에 띄어 식민지 무역항으로 발전하였다.

영국이 만든 경제공동체 말레이시아에서 쫓겨난 후의 싱가폴은 리콴유에 의해 **만들어진** 나라이다.

리콴유는 약속한대로 경제적 번영과 안전한 국가를 만들었다.

리콴유가 약속한건 거기까지다.
싱가폴 고유의 문화가 뭐죠?

우린 새로 만들어진 나라라서...

문화와 전통은 한 사람에 의해 만들어지는게 아닌가보다.
관광수입을 위해서 열심히 물이나 쏟아내자구.

11월만 되면 오차드로드에 화려한 크리스마스 장식조명이 점등된다.
쇼핑몰끼리 경쟁을 시켜 가장 멋진 크리스마스 조형물을 전시한 업체에 상도 준다.
예수의 탄생을 기리는 사람은 별로 없는데도
세상의 어느 나라보다도 화려한 오차드로드의 크리스마스 조명은 어쩐지 공허하기만 하다.
적도의 디즈니랜드는 영혼보다는 돈과 매뉴얼로 돌아가는 세계이다.

관광수입을 위하여!!

3권 마침.
- 4권으로 이어집니다.

참고 연표

802	캄보디아	크메르제국 자야바르만 2세 즉위
1009	베트남	리왕조 개조
1113	캄보디아	수야바르만 2세 즉위
1182	캄보디아	자야바르만 7세 크메르 중흥
1225	베트남	짠왕조 개조
1238	태국	수코타이 왕국 건국
1288	베트남	몽골군 남비엣 3차 침공 실패 (박당강전투)
1292	인도네시아	마자파히트 건국
1292	세계	마르코 폴로 여행기 출간
1405	세계	정화(쩡허)의 1차 원정
1427	베트남	레러이 명군 격퇴, 레왕조 개조
1488	세계	바르톨로뮤 디아즈 희망봉 항로 발견
1498	세계	바스코 다 가마 인도 케랄라지역 도착
1511	말레이시아	포르투갈 믈라카 점령
1521	필리핀	마젤란 쎄부에서 라푸라푸 추장에게 살해되다.
1571	필리핀	스페인 마닐라에 거점을 구축하다.
1588	세계	스페인 무적함대 영국에 대패하다.
1602	인도네시아	네덜란드동인도회사(VOC) 설립
1619	인도네시아	바타비아에 네덜란드 거점을 구축하다.
1623	인도네시아	VOC, 영국동인도회사 공격, 암본학살
1653	세계	VOC 직원 하멜 조선에 표류
1667	세계	영국과 네덜란드, 룬섬과 맨하탄 맞교환
1693	베트남	참파, 남비엣에 멸망
1752	버마	꼰바웅왕조 성립
1767	태국	버마의 침공으로 아유타야 멸망
1782	태국	통두앙(라마 1세) 짜끄리왕조 세우다.
1782	베트남	타이손 형제 다이비엣 통일
1786	말레이시아	영국, 페낭 점령
1802	베트남	지아롱황제 즉위, 응웬왕조 성립
1807	필리핀	아귀날도, 보니파시오를 처형시키다.
1819	말레이시아	래플즈 싱가폴 진출

1823	버마	영-버마 1차 전쟁
1824	말레이시아	런던조약, 네덜란드와 영국 믈라카/벤쿨루 교환
1828	라오스	아누웡의 반란 실패, 비엔티앤왕국 소멸
1841	말레이시아	제임즈 브루크 사라와크지역 라자 취임
1842	세계	청, 1차 아편전쟁 패배, 난징조약
1849	인도네시아	네덜란드 발리 침공, 푸푸탄 발생
1851	버마	영-버마 2차 전쟁
1857	세계	인도 세포이 반란
1859	베트남	프랑스군 사이공점령, 자유무역항 선언
1860	캄보디아	앙리 무오 앙코르유적 답사
1863	캄보디아	캄보디아 프랑스보호령으로 편입
1867	말레이시아	페낭, 싱가폴, 믈라카 영국의 직할 식민지 승격
1869	세계	수에즈운하 개통
1870	세계	미국 대륙횡단철도 완공
1874	말레이시아	팡코르조약, 영국 말라야 내륙진출
1883	베트남	프랑스의 베트남 병합
1886	버마	영-버마 3차 전쟁, 꼰바웅왕조 멸망
1887	베트남	프랑스 인도차이나연방 수립
1893	태국	팍남사태, 프랑스-시암 전쟁
1896	필리핀	호세 리잘, 스페인에 의해 처형
1898	필리핀	미국-스페인 전쟁
1904	캄보디아	노로돔사망, 시소왓 즉위
1909	태국	말레이반도 북부 4개 주, 영국에 할양
1917	세계	러시아 볼셰비키 혁명
1920	베트남	호치민 프랑스공산당 입당
1924	베트남	베트남청년혁명동지회 결성
1932	태국	쿠데타로 절대왕정 폐지, 입헌군주제 실시
1939	태국	타일랜드로 국호 개명
1941	베트남	베트민(월맹) 창건
1941	세계	일본 진주만 공습
1942	캄보디아	노로돔 시하누크 즉위

1942	말레이시아	영국령 싱가폴, 일본에 함락되다.
1945	인도네시아	수카르노, 인도네시아 독립선언
1945	베트남	호치민 베트남 독립선언
1946	필리핀	필리핀 미국으로부터 독립
1946	태국	마히돈국왕 의문사, 푸미폰국왕 승계
1946	베트남	프랑스 군함의 하이퐁 포격(1차 인도차이나 전쟁 발발)
1947	버마	아웅산 암살
1949	인도네시아	네덜란드 드디어 인도네시아에서 철수하다.
1949	세계	중국공산당의 승리 (국민당 패퇴)
1953	캄보디아	시하누크, 캄보디아 독립선언
1954	베트남	디엔비엔푸 전투, 제네바평화협정
1955	인도네시아	반둥 아프리카-아시아 비동맹회의 개최
1955	캄보디아	시하누크 왕위반납, 선거 승리
1955	베트남	남베트남 단독선거 실시
1957	말레이시아	말라야연방 독립
1957	필리핀	비행기 추락, 막사이사이 사망
1957	태국	사릿 타나랏, 쿠데타로 집권
1963	캄보디아	시하누크 중국과 우호조약 체결, 미국 지원 거부
1963	베트남	쿠데타 발생, 고딘디엠 피살
1963	말레이시아	말레이시아 건국
1963	필리핀	마르코스 대통령 취임
1964	베트남	통킹만 사건, 미군의 북폭 시작
1965	베트남	미군 최초 지상군 다낭 상륙
1965	인도네시아	콘프론타시, 싱가폴 맥도날드하우스 폭파
1965	인도네시아	쿠데타 발생, 중국인 학살
1966	인도네시아	수카르노 하야성명
1967	동남아시아	ASEAN 창립
1967	싱가폴	싱가폴, 말레이시아에서 분리 독립
1968	베트남	북베트남 구정대공세 발발
1968	인도네시아	수하르토 2대 대통령 취임

1969	베트남	닉슨 독트린 발표
1970	캄보디아	론놀 쿠데타로 집권하다.
1972	필리핀	마르코스 계엄령, 집권연장
1972	세계	닉슨의 중국방문, 마오 면담
1973	태국	민중시위로 타놈정권 붕괴
1973	베트남	파리평화협정
1975	인도네시아	인도네시아의 동티모르 침략
1975	캄보디아	크메르루즈, 프놈펜 점령 집권
1975	베트남	북베트남군 사이공 점령
1976	태국	타마삿대학교 학살사건, 군부복귀
1978	캄보디아	베트남, 캄보디아 침공, 훈센집권
1979	베트남	중국-베트남 전쟁
1981	말레이시아	마하티르 집권
1983	필리핀	니노이 아퀴노 암살
1986	베트남	도이머이(혁신) 정책 선언
1986	필리핀	엣사 시민혁명으로 마르코스 축출
1988	버마	버마 8888사건, 네윈 은퇴
1989	베트남	캄보디아에서 베트남군 철수완료
1989	세계	베를린장벽 제거
1990	버마	아웅산수찌 총선승리, 군부 결과 불복
1992	태국	푸미폰국왕 수찐다, 짬렁 접견
1994	베트남	미국의 베트남 정부 공식인정 (엠바고 해제)
1997	캄보디아	훈센 친위쿠데타 라나리드 축출
1997	세계	아시아 금융위기 발생
1998	인도네시아	수하르토 하야 성명
2001	태국	탁신의 타이락타이당 총선 압승
2004	인도네시아	아쩨 쓰나미 발생
2006	태국	탁신 외유 중 쿠데타
2014	인도네시아	조코 위도도(조코위) 대통령 취임

우리가 몰랐던 동남아 이야기 - 제3권

펴낸날 2022년 1월 21일
5쇄 펴낸날 2025년 8월 28일

지은이 신일용
펴낸이 주계수 | **편집책임** 이슬기 | **꾸민이** 전은정

펴낸곳 밥북 | **출판등록** 제 2014-000085 호
주소 서울시 마포구 양화로 59 화승리버스텔 303호
전화 02-6925-0370 | **팩스** 02-6925-0380
홈페이지 www.bobbook.co.kr | **이메일** bobbook@hanmail.net

ⓒ 신일용, 2022.
ISBN 979-11-5858-848-9 (07910)
　　　979-11-5858-845-8 (세트)

※ 이 책은 저작권법에 따라 보호받는 저작물이므로 무단전재와 복제를 금합니다.